出發去南美

¡Feliz Viaje!

浪遊日記2

柯姿慧—著

玻利維亞、智利和厄瓜多的
冒險旅程

BON VOYAGE

加拉巴哥群島
GALAPAGOS ISLANDS

厄瓜多
Ecuador

秘魯
Peru

玻利維亞
Bolivia

智利
Chile

PACIFIC OCEAN

目
次

自 序　**難忘的旅程，從擅闖國境開始　009**

第一章　**玻利維亞：南美屋脊的傳說之境　018**
　　坐在黃金上的乞丐　020
　　從南美洲的西藏開始高山長征　021

第1站／**拉巴斯，安地斯山上的「拉薩」　024**

　　●玻利維亞地圖上的兩顆星星　024
　　●降落在世界上最高的國際機場　025
　　●滿坑滿谷都是人的高山城　026
　　●來到首都拉巴斯，就別想麥當勞和星巴克　030

第2站／**蒂瓦納庫，終於見到妳了　034**

　　●妳是印加文明的母親嗎？　034
　　●阿卡巴納金字塔神殿，已成山丘　036
　　●蒂瓦納庫王國與安地斯高山民族　039
　　●黃金傳說的國度　044
　　●充滿謎團的石頭建築和雕像　048
　　●神祕的175個石頭人像，招來外星人傳說　053

第3站／**烏尤尼鹽原，三天兩夜奇遇記　059**

● 世界上最大的鹽原，難得一見的天空之鏡與鹽地磚　059
● 巨人的眼淚幻化為鹽原奇景　060
● 開採鋰礦，渴望變身為新世代的沙烏地阿拉伯　061
● 心驚膽跳的三天兩夜，遇上「酒醉仍上道」的司機　064
● 睡鹽床、吃草泥馬的安地斯高原旅程　068
● 鹽原、沙漠、火山……令人難忘的十個景　075

第4站／**天神的眼淚——的的喀喀湖　080**

● 印加傳說中黃金寶藏的藏身地　080
● 造物神比拉科恰的眼淚　082
● 印加帝國的造神神話——太陽島　084
● 誰是艾馬拉人？　090
● 「神明」必爭之地的科巴卡巴那　093

第二章　**智利：俯瞰廣闊沙漠　102**
　　　　用時間換取金錢的長途巴士行　104
　　　　溫文儒雅的智利人　105

第1站／**走進智利大北方　106**

● 在原始的北方大地長途跋涉　106
● 硝石戰爭：誰是真正的勝利者？　110

第2站／**初見阿塔卡馬沙漠　111**

● 智利5號公路上的驚鴻一瞥　112

●阿塔卡馬沙漠的極端氣候　115
●沙漠生物的駱馬、羊駝和仙人掌　116
●阿塔卡馬‧聖‧佩德羅小鎮用水大作戰　117

第3站╱**阿里卡，國境之北的平凡幸福**　**120**

●享受「阿里卡式」的平靜步調　120
●規劃完善的人行步道「5月21號街」　122
●一百多年前曾經屬於祕魯　123
●從最古老的沙漠木乃伊，到衝浪的海岸線　126
●地震記憶拉近了我們之間的距離　127
●一日走遍智利東西部，從尤塔河谷開始　131
●離開沙漠仙人掌，進入2500公尺高的安地斯山麓丘陵　134
●衝往勞烏卡國家公園，賭上高山症都值得　136

第4站╱**溫暖的海港城市，伊基給**　**142**

●艾馬拉人昏昏欲睡的地方，一切慢慢來的臨海城市　142
●曾經的悲劇：不能遺忘的硝石礦工血淚史　146
●異鄉巧遇同鄉人，非典型旅人採購民生必需品　147

第5站╱**沙漠之星阿塔卡馬‧聖‧佩德羅**　**152**

●西部牛仔電影裡的泥磚小鎮　152
●喝古柯茶抵擋沙漠的稀薄空氣，在小鎮裡傭懶過日子　154
●阿塔卡馬‧聖‧佩德羅四周景點　159
●南半球第一大的埃爾‧塔迪歐地熱噴泉　163
●一場冰火交織的感官體驗　164
●史前村莊散布，沙漠裡的短暫過客　169
●兩千八百年歷史的圖羅爾村莊　170

●加帝國之後，被西班牙殖民的基多爾堡壘和獨立後的阿塔
卡馬　171
●原汁原味的阿塔卡馬沙漠風景　174

第三章　厄瓜多：揮別都市，走入動物星球　188

從都市叢林到野生動物樂園　190

第1站／從危險又華麗的瓜亞基爾開始　190

●好個安全的「井」字大街　190
●圍牆外的真實生活　194
●繁華的瓜亞基爾——曾經的海岸部落、西班牙統治下的重要
港口　197

第2站／加拉巴哥群島，與達爾文最接近的距離　204

●加拉巴哥群島，散布在赤道附近的十三個小島　205
●物種起源的演化實驗室　206
●人來了，「龜島群島」是天堂也是地獄　208
●物以稀為貴，都想分杯羹　212
●四座「有水有電有人居」的大島　217
●加拉巴哥群島的夜晚——到底是鬼可怕，還是人恐怖　224
●在聖‧克里斯多巴島遇見任性海獅　226
●從聖塔‧克魯斯島登船出海，無人小島初體驗　229
●來到伊莎貝拉島，怎能不去爬火山　239

自序

難忘的旅程，從擅闖國境開始

　　從祕魯出發至玻利維亞前，一如往常，在網路上瀏覽各路人馬的經驗談，給自己一點心理準備，也對這個國家大致的風俗民情有些概念，總不希望犯了別人家的大忌卻仍不自知。不過，2012年要入境玻利維亞時有個最令人困擾的問題：到底需不需要簽證？但現在玻利維亞簽證申請已簡單許多，可落地簽，也就沒有這個棘手問題。

　　當時網路上眾說紛紜，沒有確定答案，身旁的人也叫我試試，反正到了海關崗哨處跟他們談談，如果需要簽證，或許當場多付點錢辦落地簽能行得通，加上我自己也被旅遊書上玻利維亞的好山好水給沖昏頭，因此姑且一試的念頭便在心裡萌生，到了邊界地方，到時候再見招拆招。

　　帶著既期待又怕受傷害的心情，搭上夜間從祕魯庫斯科（Cusco）出發，直達玻利維亞拉巴斯（La Paz）的跨國遊覽巴士，將近九個小時的車程終於來到兩國的邊界城「德薩瓜德羅」（Desaguadero）。我跟著大夥

排著冗長的隊伍等待入境時刻，簡陋的入境檢查站，兩、三個貌似移民官的人員就坐在一間看起來像售票亭的亭子內，現場場面有些混亂，談不上秩序和規矩，好不容易輪到我，交出我手上的護照。

其中一名移民官接過我的護照後，竟然不客氣的將護照往桌面一角隨手丟了過去，沒有任何解釋，但行為非常粗魯，這樣的舉動不只惹惱我，也讓一位素昧平生、只是剛好搭乘同輛遊覽巴士，坐在我隔壁的法國先生「路見不平」，他拿起我的護照直接跟這個移民官理論，兩方激烈爭辯中，我聽見他理直氣壯的對移民官說了一句：「台灣和中國的關係你到底搞不搞得清楚？」但對方卻只回答：「只有最近的大城市——普諾（Puno）可以辦理第三類國家的入境簽證。」

這位熱心的法國友人其實很質疑這位移民官的專業水準，況且移民官也沒有試圖攔下我們，於是我們便再度搭上同部遊覽巴士，繼續往拉巴斯方向前進，沒有多久便來到第二個警衛檢查哨。

一到崗哨柵欄邊，車上的每個人都被要求下車，並往另外一間建築物走去。此時，車裡服務的遊覽巴士小弟卻不希望我下車，他跟我提議說，他可以和警衛商量讓我通行，反正我看起來就像觀光客，又沒有滯留當

地的意圖，當下我真的超感激他，還在想他真是佛心來著。

就在交涉幾分鐘後，隨車小弟帶著口信上車，他跟我說只要付100塊玻利維亞幣（約15塊美金），他們就能讓我通行，我想如果能買個入境戳章，這樣也算合理，心想都已經到這個地步，如果再花一整天時間折返祕魯普諾等辦簽證，實在大費周章。雖然心裡已經感覺到事有蹊蹺，即使這個小弟希望我付給他一點服務費，沒錯……就是「勒索」，我竟然都照單全收。在沒有任何異議下，整個入境過程一波三折，就這樣我帶著沒有任何入境證明的護照，僥倖灑脫地直搗拉巴斯。

沒有入境簽證的玻利維亞行，其實自己很心虛，每每需要登記個人背景資料，就不由得忐忑不安。最後，總是要面對離境時刻來臨，同樣搭乘跨國觀光遊覽巴士，一路從「科巴卡巴那」（Copacabana）往祕魯普諾前進，沒多久便再一次來到兩國的邊界。

然而，一時不知道哪來的「走後門」斗膽，讓自己在出境的那刻即陷入無底深淵，而且還不能理直氣壯和這幫貪官汙吏爭論，畢竟不合乎規定在先，所以也沒有立場指責對方趁機揩油，當下誰也幫不上忙，只能求老天爺保佑。

當時我秀出沒有任何玻利維亞入境章的護照，移民官當然不可能輕易放過我，他看看我的護照便示意要我把車上的行李全部帶下車，然後在旁等候，此時我只能照著做，一個人拿著行李在移民局的外頭等待發落。這位移民官一句話也沒說，只把我的護照往他的褲子口袋裡塞，一塞就是一個半小時過去，我看著來來往往的出境旅客，好幾位不知道打哪來的西方臉孔背包客，竟然有著和我相同的命運。

　　我獨坐在移民局門口的一棵大樹下，心情越來越低落，此時一位相約好在祕魯見面的英國友人，好巧不巧撥了通電話給我，就像找到救星般，告訴他所有事情的來龍去脈，於是他熱心地幫我打給台灣駐玻利維亞代表處。可是他後來回電給我說，電話像空機一樣，打了無數次都沒人來應答，事後才知道，原來代表處早就已撤館。在那情況下，他只好撥給英國大使館，幫我問該怎麼處理，或許因為一直在電話線上，玻利維亞移民官便頻頻來關切，他不斷詢問我是台灣友人嗎？或我的身上還有多少現金？要不就是揶揄我，如果喜歡玻利維亞，乾脆就在這裡找個男朋友定居下來。

　　原來，這個國家的移民官都這麼愛開玩笑啊！

　　我實話實說是英國友人，身上現金已經花得所剩

無幾，至於定居下來這件事，本人實在一點興趣都沒有，但說也奇怪，此時他卻釋出善意。就在我還沒理出頭緒的同時，他要求我進到他私人辦公室，其實當下心裡非常不安，因為不曉得這位移民官到底還想怎麼樣。

他緩緩坐上那個屬於他的位子，沒再多說什麼，直接在紙上寫下美金30元，看來就是要我付些「通行費」，為了避免他拿了錢還不放我離開，我再次打電話給英國朋友，請他幫我問問這個價錢是否「合理」，也讓這位移民官知道我有人證，他最好別亂來。

付完錢後，以為就此可以脫離玻利維亞，但移民官竟然告訴我，等等進到祕魯境內，直接去排「男」移民官的窗口，那頭的通關費用是20塊美金。事實上，台灣護照進入祕魯是不需要簽證，也不用支付任何費用，這根本就是海關間的私相授受。

折騰了將近三小時，終於離開玻利維亞，進入祕魯後，這頭的男移民官剛開始還正襟危坐，對我曉以大義一番，但我作勢跟他爭辯，入境祕魯和出境玻利維亞，這兩者根本就是兩碼事。他也急了，反嗆我說，是我自己違規在先，就怪不得別人趁虛而入，我當作不知道行情，直截了當問他到底要多少錢，果然如玻利維亞那頭的移民官所說一樣是20塊美金。如果只是要錢，

這樣也好解決，付了錢，之後果然一路暢行無阻。

這樣的國度裡，用錢能解決的事，即使不照規定好像也沒那麼嚴重，但事後想想，也許這只是運氣比較好，所以才沒有更糟糕的事情發生。如果有機會重新再來一次，我寧可選擇長日漫漫的簽證程序，一切按照法規來辦事，也不要這樣「擅闖」一個國家。

這些日子裡走過的足跡

《出發去南美》主要以祕魯為出發地，前往鄰近三個國家，厄瓜多、玻利維亞和智利的旅遊趣事談。由於我非常嚮往祕魯的印加文明，於是在2012年參與了國際志工組織，在向來有「南美喜馬拉雅山」稱譽的安地斯山，當了為期一個月的文化志工，也促成我的第一本書《浪遊日記：穿越祕魯古文明之行》。

在秘魯的半年期間，除了親眼見證祕魯的好山好水，也因為三個月免簽證，必須離境再入境，才能合法停留祕魯，因此陸路前往鄰國便是最簡單的解決方法。順道拜訪厄瓜多、玻利維亞和智利這三個國家，當然不是只為了出入境祕魯而已，我們熟知的太平洋在南美洲這個彼岸別有一番風味，安地斯山的遼闊和多變也讓人嚮往，許多西班牙殖民下的現代古城更是耐人尋味；雖然已經事隔幾年，但卻是記憶猶新，就像加拉巴哥群島

與企鵝和海豹一起浮潛的畫面無法忘懷，智利安地斯山上的高山症一想起還心有餘悸，玻利維亞的人類古文明遺跡仍讓我朝思暮想。

這趟旅程通常都是走到哪看到哪，一見鍾情的地方就多停留幾天，八字不合的環境就趁早離開，雖然偶爾遇上不如意的事，不過至少都是「船到橋頭自然直」，很幸運，沒有遇到太多波折和意外，只有滿滿回憶。

在南美洲旅行時，飛機、巴士的長途跋涉在所難免，高山症更是很多人的困擾，只能說想親身體驗南美風情，除了行前要先準備高山症用藥，再來就是身體一定要健康耐操，更重要的是保持輕鬆愉快的心情。我想對於喜歡挑戰、冒險和嘗鮮的人來說，南美肯定是人生的必經之地。

集結成書

繼第一本書《浪遊日記：穿越祕魯古文明之行》完成後，靠著沿途的照片和手上帶回的資料，加上Google 強大的街景地圖服務，利用小黃人尋找曾經走過的足跡，花了一年半的時間終於將片片斷斷的記憶拼湊回來。

很多朋友問我，怎麼還記得2012年旅行中發生的事，其實經過幾年的沉澱，還停留在腦海中的事情，肯定是印象最深刻的，而這些經驗也間接影響了我對生活的看法，至於已經記不起來的當下情緒和旅遊細節，大概就不再重要，記不起來也無所謂了。

　　《出發去南美：玻利維亞、智利和厄瓜多的冒險旅程》除了記錄自身難忘的經驗外，透過大量閱讀，以及經由網路持續關心當地新聞，網羅包括生態環境、古蹟歷史、人文特色等來完成寫作，探討當地人事物的相關訊息。這幾年的拉丁美洲旅遊在臺灣颳起一陣旋風，不管是健行登山、古文明探索，還是見證大山大水，都各自有自己的愛好擁護者，因此希望能藉由此書，與曾經去過南美的讀者產生共鳴，與對南美有興趣的讀者分享經歷。

PERU

BRAZIL

Cobija

Riberalta

Rurrenabaque

Trinidad

的的喀喀湖 *Titicaca*

拉巴斯 *La Paz*

科巴卡巴那 *Copacabana*

Chapare

帝瓦納庫 *Tiwanaku*

Cochabamba

Oruro

Santa Cruz

Oruro

Potosí

Sucre

烏尤尼鹽原 *Salar de Uyuni*

烏尤尼 *Uyuni*

Tarija

CHILE

PARAGUAY

ARGENTINA

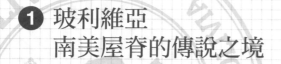

1 玻利維亞
南美屋脊的傳說之境

高於海平面 3600 公尺，玻利維亞首都的光芒如此清晰，似乎是一種感知的形狀，如純金般從無暇的藍天灑落而下，讓感官充滿超凡、無形的壯麗光彩，這座城市大部分的城市街道和建築由雕刻的花崗岩組成，而她的光芒甚至融化了岩石的剛毅線條。——Kate Wheeler（美國小說家）

坐在黃金上的乞丐

玻利維亞的自然資源豐富，甚至有「礦產共和國」的稱號，但從西班牙殖民開始，這個國家的礦產為當地人民帶來的不是財富，而是災難和浩劫，大量的勞力在這些礦區付出生命，卻獲得連溫飽都沒有的待遇。波多西（Potosí）的銀礦因過度開採造成枯竭，但最大好處盡落在那些外國企業的手中，也難怪玻利維亞人寧願把總是讓外來者致富的「黃金」留在原地，也不願再貿然開採。

2003年玻利維亞的「天然氣輸出」抗議事件，軍民關係一度破裂，幾十條人命在這起事件中因軍隊鎮壓而喪生，最後結果就是當時的總統辭職下台，原因還是人民質疑這項輸出計畫，不但圖利某些外國企業，政府還賤賣國家資源，造成民怨四起。

玻利維亞就像其他開發中國家一樣，豐富的天然資源如果管理不當，監督系統無法發揮，不只執政者有機會貪汙，既得利益者更是剝削國家百姓，使得貧窮人民的生活雪上加霜，更讓整個國家陷入財政困境，社會動盪不安。

2005年的總統大選，玻利維亞人終於選出了他們「自己的總統」──埃沃・莫拉萊斯（Evo Morales），

他是第一位印地安艾馬拉族（Aymara）總統，目前已是第三任任期，頗受當地民眾愛戴。當選後他一再向人民保證，絕不讓外國企業對玻利維亞予取予求，會更加慎選自然資源的輸出的合作對象，最好的方式就是與外國企業技術合作，將原料製作成獲利較高的產品，改善貧窮人家的生活。總統莫拉萊斯的話能否兌現、解決貧窮問題，只能靜待時間來證明；不過，一個國家就算擁有龐大的「祖產」，也經不起一再揮霍，更何況只有少數人受惠，而大多數人卻仍然生活在貧窮線以下。

歷史上的國際強權曾讓這個美麗的國家支離破碎，「坐在黃金上的乞丐」訴說的是一段殖民掠奪、貪婪外國企業入侵與腐敗政府剝削的歷史悲歌，玻利維亞人民何其無辜，埃沃・莫拉萊斯總統是否能繼續帶領國家人民開創新局，走出屬於自己的一條路，值得讓人引頸期盼。

從南美洲的西藏開始高山長征

說玻利維亞是「南美洲的西藏」，真的一點也不為過。玻利維亞西部及整個西南半部都在安地斯山脈隆起的高原上，一路從的的喀喀湖、拉巴斯（La Paz），直至烏尤尼大鹽原（Salar de Uyuni），海拔至少3600公尺，高山空氣稀薄是第一件必須要克服的事。

拉巴斯街道上的艾馬拉人。

玻利維亞 BOLIVIA

　　此外，對於當地的長途巴士，也要有心理準備，
雖然車況隨著票價不同，但玻利維亞的整體巴士素質只
能算是普通，座位的空間不大，車內的廁所通常不是上
鎖，不然就是考驗大家的耐髒程度。巴士雖然偶爾休
息，讓乘客下車上廁所，但對於長途旅行來說，因為擔
心不知道下一站還要多久，這種潛在壓力還是會讓人盡

量避免補充水分，加上一路上的道路大部分都是泥土路，所以一路顛簸搖晃是再正常不過的事了，所以剛抵達玻利維亞時，可能會有某種程度的適應與調整。

玻利維亞旅行中，搭過最遠的一段巴士就是從拉巴斯直達烏尤尼小鎮，這是最多觀光客選擇的旅行方式，也是最省錢的方法，一趟車程下來平均需要十二個小時。位子空間狹小是其次，其中的七至八個鐘頭都在石頭泥土路上行駛，整段路不停上下劇烈震動，不只抖到我的胃快掉出來，有些人還因此而暈車，加上晚上冷颼颼的溫度，我的腳趾頭也從沒有溫暖過，整夜下來實在很難安穩在車子裡睡上一覺。

來到烏尤尼小鎮，接下來就是烏尤尼大鹽原和安地斯山區的三天兩夜行，這是個一切從簡的行程，只要吃得下、睡得著，海拔 5000 公尺的參觀路線絕對沒有問題，山水間的壯麗美得讓人流連忘返。這裡談不上什麼幾顆星的旅遊保證，或許就是因為沒有太多的人工開發以及人為的干涉，才能讓如此自然純樸的環境保存下來，這也算是一種慶幸吧！

第 1 站 ／

拉巴斯，安地斯山上的「拉薩」

站在拉巴斯市中心抬頭往上看，腦中突然迸出一句
話……「不識廬山真面目，只緣身在此山中。」
山壁上密密麻麻的房屋，找不到一點縫隙，讓人早就看
不清楚安地斯山的峰巒疊起和千山萬壑。

玻利維亞地圖上的兩顆星星

　　地圖上如果一個星號就代表一個國家的首都，那
麼，玻利維亞國土上便會出現兩顆星星。「拉巴斯」是
這個國家的中央政府所在地，主要的機關單位都在這
裡，是實際上的首都。而另一個首都則位於拉巴斯東
南方400多公里處，西元1538年建城的「蘇格雷」
（Sucre），是法定上的首都。

　　為何會出現兩座首都？主要是1898年，玻利維亞
政府內部有兩派嚴重的對立聲音，有些官員認為應該遷
都拉巴斯，因為靠近拉巴斯的永加斯區（Yungas）擁
有肥沃的土壤，是農牧業主要的生產地，加上南方奧魯
羅（Oruro）周邊錫礦的開採，拉巴斯的地理位置更能
掌控這些國家經濟命脈，以及控制中西部和西南部高原
眾多的人口。然而，另一派保守官員則堅持反對立場。
雙方僵持不下的結果，最後只能彼此妥協，將總統府、

世界海拔最高的首都拉巴斯日景

01

議會等多數政府單位遷移至拉巴斯，最高司法院則仍然
保留在蘇克雷。

降落在世界上最高的國際機場

　　拉巴斯，西班牙文原意是「和平」的意思，平均
海拔高度為3650公尺，主要是為了紀念西班牙人1538
年攻克這個地方，直至1548年建城前的紛亂和殺戮這
段歷史，這個名字帶有一分期望，希望恢復她原來應有
的平靜，這個城市也從30公里外的原址搬遷到現在所
在的「丘給亞普河河谷」（Río Choqueyapu），自17世

紀起便扮演著玻利維亞經濟重鎮的角色。

奧爾托（El Alto）國際機場距離拉巴斯約8公里，如果這裡是你從平地到玻利維亞的第一站，就要有一下飛機就難以呼吸和心跳加速的心理準備。這座海拔超過4000公尺的機場，雖然不是位置最高的民用機場，但目前仍是世界上最高的國際級機場。機場內從免稅店、餐廳、書店到無線網路、貨幣兌換處，應有盡有。

滿坑滿谷都是人的高山城

———————— ✕ ————————

位置
玻利維亞西部，約400公尺深的盆地，市中心海拔約3650公尺。

歷史
1548年淘金熱，西班牙人建立起拉巴斯城，後來由於位處波多西和秘魯利馬之間的銀礦運輸線，興盛了起來。

特點
・玻利維亞行政中心，實際上的首都。
・現代化建築之間，隨處可見身穿傳統服裝的原住民穿梭其中。

———————— ✕ ————————

建城四百多年的拉巴斯是座充滿生命力的城市，高樓大廈、車水馬龍的街道、纜車、購物商場，相對歐

式的平民房舍、富有歷史價值的教堂和印地安傳統市集，拉巴斯的生活方式和都市建築呈現現代與傳統的完美交融。

大街小巷走一圈，不難發現路上行人的穿著也是互別苗頭，年輕族群穿著時髦，T恤、牛仔褲、靴子和時尚包包從不離身，但艾馬拉族傳統婦女編著長至腰際的辮子，肩上披了個美麗大披肩、揹了個五彩繽紛的布包，頭上戴著五顏六色的圓頂高帽。復古與時尚穿梭在街道間，各自展現自我特色，不時可看見這個城市的包容和多元性。

01

瞭望拉巴斯市，密密麻麻的屋舍往安地斯山壁上延伸

1 | 2

1. 位於市中心的聖・法蘭西斯科教堂（Basílica de San Francisco），始建於西元1548年，這裡是當地居民往來頻繁的地方。

2. 聖・法蘭西斯科教堂大門。

2014年誕生了新七大奇觀城市，拉巴斯是其中一個，就是因為如此特殊的城市景觀和高聳山勢地形，所以雀屏中選。城市周圍環繞著安地斯群山，最高峰「伊宜馬尼峰」（Illimani）高度6438公尺，是座終年白雪靄靄的山峰，盆地地形讓拉巴斯的人口只能朝向山壁上發展，這裡和「埃爾・奧爾托」城（El Alto）形成一個180萬人口的大都會區。

想在拉巴斯生存，適應高山稀薄空氣是必備能

玻利維亞 BOLIVIA

力，而且腿力也一定要夠好，這裡的山坡坡度從海拔4100公尺往下延伸至3100公尺，光是看到一千公尺的高度落差，就讓人頭暈目眩。雖然城市裡上上下下有公車、小巴士和纜車代步，但對於剛到拉巴斯的觀光客來說，蜿蜒的爬坡街道嚴陣以待，走起路來要臉不紅氣不喘、心跳不加速，幾乎是不可能。

拉巴斯的高山美景絕不會是決定房價的一項考量，因為盆地低處氣候通常比較溫和，風勢也因為四周山壁的阻擋而小了許多，所以單價昂貴的住宅大多集中在盆地底端。越往海拔高處走，除了地勢越險峻，空氣更顯稀薄寒冷，其實不太適合人居住，但貧窮人家別無選擇，只能在山坡高地築起自己的家園，環境惡劣又加上屋舍簡陋，他們生活上的艱辛充滿「如人飲水」般的無可奈何。

從至高點瞭望拉巴斯市，腳底下密密麻麻的房子令人嘆為觀止，連山稜線上也佈滿遮風蔽雨的房舍，能使用的土地有限，但渴望到大城市裡尋找夢想的人們卻越來越多，眼前的拉巴斯就像是龐然大物，一點一點慢慢吞噬安地斯的山巒綿綿。

來到首都拉巴斯，就別想麥當勞和星巴克

熙來攘往的拉巴斯市中心和主街道，當地市集和傳統市場人潮擁擠，餐廳、咖啡廳、炸雞店、速食店街邊林立，但走來逛去就是看不到大家熟悉的黃金拱門M和美人魚綠色招牌。不是對美式風味有什麼特別偏好，而是身處美國「後花園」的中南美洲，一個首都看不到「美帝」指標性的連鎖店，實在很難得。

星巴克的觸角從來沒有延伸到拉巴斯，倒是在玻利維亞的第一大城「聖塔·克魯斯」（Santa Cruz de la Sierra）可以看見星巴克的蹤影，不過隨著當地的國民所得提高，星巴克對拉巴斯的攻城掠地，大概也指日可待了。

至於麥當勞，據說他們曾經在玻利維亞經營了十四年，但營業狀況不如預期，最後只好在2002年全面退出這個市場，當時不少人為了爭搶麥當勞的最後一個漢堡，還在地方上造成轟動。不過依照美國跨國企業的經營慣例，玻利維亞市場的失敗經驗，讓一份份的分析報告紛紛出爐。報導盛傳，因為當地人消費不起，所以難怪麥當勞在這個地方敗北，但價格可能只是部分原因，因為麥當勞的離開，對手漢堡王（Burger King）的業績反而逆勢看漲。

又有一說指出，佔玻利維亞人口60%的印地安民族，對於速成的食物不感興趣，因為當地人無法信任短時間內做出的食物，他們並不排斥「漢堡」，但排斥「速食」的概念，更覺得花錢在這種沒營養的東西上面很不值得，聽起來玻利維亞人對於食物很有自己的想法，不過真的就像報章媒體和研究報告說的那樣嗎？

在拉巴斯市中心走一遭，除了漢堡王，當地客製化的速食漢堡店也不少，玻利維亞連鎖的「科巴卡巴那炸雞店」（Pollos Copacabana）大招牌就聳立在馬路

科巴卡巴那炸雞店。© Jjspring | Dreamstime.com

小攤販上的麵包才是當地人最常購買的食物。

旁；尤其是科巴卡巴那炸雞店，明明都過了用餐時間，店裡還是座無虛席，等了老半天好不容易才等到一桌人起身離開，桌上杯盤狼藉，雞骨頭、薯條盒、漢堡袋，速食店裡該出現的景象一樣都沒少，當地人攜家帶眷來用餐，看來也不是那麼痛恨速食嘛！

2015年麥當勞重返這個國家，跟星巴克一樣，選擇第一大城「聖塔・克魯斯」開店捲土重來，雖然玻利維亞總統埃沃・莫拉萊斯反美、反西方的立場鮮明，他試圖向人民保證不讓美國和西方的影響力深入自己的國家，但隨著全球化，這樣的阻擋似乎也越來越困難。

我想，如果哪天麥當勞和星巴克前進拉巴斯，大概又會成為地方上的大新聞，以及當地人茶餘飯後的聊

天話題吧！

　　不過，換個角度想，玻利維亞畢竟是南美洲最貧窮國家之一，這些國際連鎖店的進駐是自由巿場下必然的結果，一方面也代表大部分的人有錢了，消費得起了，但不健康食物充斥市場的問題，卻往往讓人花錢又傷身，這或許也是當初始料未及的。偶爾滿足「口腹之慾」大家都能認同，也可以接受，但還是由衷希望印地安民族的傳統觀念能夠延續下去 ，別花錢在沒有營養的東西上。「買不買得起」是一回事，但「值不值得」一定要在下手前多盤算幾次。

第2站／

蒂瓦納庫，終於見到妳了

玻利維亞的巨石文明，是安地斯高山人類留下的另一個
千古謎團：曾經存在的榮景最終如何走向衰敗之路？精
湛的石頭建築和石刻技術是老祖先的智慧結晶，還是傳
說中外星生物的幫助？失落的蒂瓦納庫（Tiwanaku 或
Tiahuanaco）文明留給現代人無限的遐想和揣測。

妳是印加文明的母親嗎？

———————— ✕ ————————

位置
拉巴斯以西約 70 公里的高原上，海拔約 3850 公尺。

歷史
西元前 1500 年左右出現漁村聚落，大約西元 5 世紀時漸漸形成帝
國。約在西元 1000 年，蒂瓦納庫帝國漸漸瓦解，成為神祕消失的
南美古文明。蒂瓦納庫帝國衰落後，盜賊偷竊層出不窮，印加人、
西班牙人也洗劫過遺跡，後來部分遺址的石頭更被玻利維亞政府用
來修築鐵路。蒂瓦納庫遺址於 2000 年成為聯合國世界文化遺產。

特點
・玻利維亞最重要的古文明遺跡。
・太陽門上的天神「比拉科洽」被稱為「雷電雨神」或「流淚的天
　神」。

———————— ✕ ————————

蒂瓦納庫遺址近年來成為玻利維亞人最重要的民族認同地標，西元1825年脫離西班牙獨立建國，一百八十年後，終於在2005年出現了首位美洲原住民總統埃沃・莫拉萊斯，他在隔年和2010年連任成功，而且兩次都在萬人簇擁圍觀下，選擇在最能代表自己血統傳承的蒂瓦納庫遺址舉行就職典禮。

埃沃・莫拉萊斯出生於艾馬拉族家庭，雖然玻利維亞有半數人民都屬於美洲原住民，包括艾馬拉族、凱楚阿族和其他三十多個原住民民族，但他們都不曾有機會站上國家的最高權力核心。這位擁有艾馬拉血統的總統為了拉攏和團結玻利維亞民心，選擇在艾馬拉族祖先曾經創造過的輝煌文明遺址上，宣誓他繼續為玻利維亞人民努力的決心。

儘管現在的蒂瓦納庫是大部分玻利維亞原住民引以為豪的身分象徵，但比起印加文明遇上西班牙征服者的故事，以及為數眾多的壯觀巨石建築，蒂瓦納庫遺址的觀光實力就顯得稍嫌不足。

所以，為了招攬客人，位於拉巴斯的旅行社簡明扼要的推銷：「蒂瓦納庫就是印加文明的母親」，當然我是聽得半信半疑，不過大概有不少像我這樣的遊客，衝著對印加文明的熱愛，就算是愛屋及烏，也要前去一探究竟。

然而，印加帝國是最後一個一統江山、集大成於一身的南美文明；嚴格來說，蒂瓦納庫文明殞落時，印加文明還沒正式開始，說它是母親有些牽強，畢竟這兩個文明並沒有直接關係。不過，單從藝術和宗教信仰層面來看，蒂瓦納庫的確稱得上印加人的祖先，或說是印加人學習的先驅之一，但現在因為印加文明的盛名讓南美其他人類古文明相形遜色，連行銷廣告都得和印加文明沾上邊。

「印加文明的母親」或許不只是旅行社景點行銷的手法，也可能是當地人對於過往文明榮耀的一種驕傲，即使這樣的行銷方式見仁見智，但對於喜歡古文明的人，大概也不是那麼在乎吧。

絢爛的印加文明和神祕的蒂瓦納庫文明其實各有千秋，「印加文明的母親」確實為蒂瓦納庫的觀光業推波助瀾，卻讓人有那麼點「長江後浪推前浪」的感慨。

阿卡巴納金字塔神殿，已成山丘

介於的的喀喀湖和乾燥高原間的蒂瓦納庫城，雖處在海拔3850公尺的地理環境，但天然資源不餘匱乏，湖裡的魚、野鳥加上牲畜的飼養，以及農作物的栽種，位於安地斯山脈中央位置的城池，文明全盛期的占

從半地下神廟（Templete Semisubterráneo）往卡拉薩薩亞神廟（Kalasasaya）看去，首任原住民總統埃沃‧莫拉萊斯，兩次的總統就職典禮都在這裡舉行。「大地之母」巨型石雕就在半地下神廟挖掘出土。

地面積達 6 平方公里。

西元 200 年左右，此地居民開始主要的建造工程，三百年後成為蒂瓦納庫文明的首都，扮演「宗教聖地」的角色，壯觀的遺址建築被聯合國教科文組織（UNESCO）譽為「蒂瓦納庫文明的精神和政治中心」，西元 2000 年正式列為世界文化遺產。

蒂瓦納庫遺址座落在拉巴斯西邊 70 公里、的的喀喀湖東南方約 20 公里，據當地導遊描述，當時的蒂瓦納庫貴族能從 18 公尺高的阿卡巴納金字塔神殿（Pirámide de Akapana），往西遠眺「的的喀喀湖」——那個古安地斯傳說中，太陽和月亮誕生的地方；往東則可以遙望長年被白雪覆蓋的「伊宜馬尼峰」（Illimani）和安地斯山脈群——蒂瓦納庫人敬畏的山神聖地。擁有如此遼闊壯觀的視野，其實不難想像為何這裡會被挑選為文明發展的聖地。

雖說阿卡巴納神殿是座金字塔，但其實更像一座堆滿泥土的山丘，站在頂端猶能看見群山圍繞和無垠無涯的景色，卻已看不清的的喀喀湖的湖面風光。據說，當年的阿卡巴納神殿比現在更接近的的喀喀湖的湖岸線，仔細端詳歷經多年整修的蒂瓦納庫遺址，零零散散的巨大石塊，遙想蒂瓦納庫王國曾經的輝煌和蕭穆，此情此景，讓人頓生一股莫名的惆悵感。

原有七個平台，18公尺高的阿卡巴納金字塔神殿，現在只修復中低底層的平台。

蒂瓦納庫王國與安地斯高山民族

　　的的喀喀湖西邊廣大的腹地，八千多年前就已經出現人類活動的蹤跡，他們多半是遊牧民族，過著採集、狩獵的日子，直到四千年前，栽種耐寒植物、馴養駱馬和羊駝，才開始有了定居生活。依山傍水的美景看似美麗，但崇山峻嶺的大自然嚴苛考驗，卻無時無刻挑

戰這群高山民族。

　　距今約三千五百年，在的的喀喀湖周圍群聚的安地斯高山人類，除了靠種植馬鈴薯、捕魚、打獵和馴養駱馬、羊駝，來維持部落的生活，後來也因為發展田地灌溉技術、改良冶銅和日常工具，加上活絡的經濟往來，人口開始增長，社會結構越趨複雜，社會階級也更加明顯。

　　西元前800年，神廟、石雕神像在部落裡出現，宗教信仰和祭拜儀式拉近部落裡的人際關係，同時也讓部落產生族群、文化的認同感。直到西元2世紀，這裡的人們漸漸形成城鎮型的群居方式，而醞釀多時的蒂瓦納庫文明也在此時擴張，成為第一個一統的的喀喀湖四周部落民族的南美洲文明，他們一手建立的蒂瓦納庫王國，堪稱政教合一的新興國家。

　　西元400到900年間是蒂瓦納庫王國的鼎盛時期，建造、製作出更多的神廟和巨型石雕，陶器工藝和藝術美學也到達顛峰，強盛的數個世紀間，除了透過貿易交流，也廣設殖民地，國家疆土往祕魯南部、智利北部和阿根廷西北部延伸，蒂瓦納庫王國最終成為南安地斯山的霸主，與當時位在現今祕魯的瓦里王國（Wari），一北一南分別統治安地斯山的部落民族。

　　蒂瓦納庫王國能夠順利擴張和延續，得歸功於先進

阿卡巴納金字塔頂端的半地下神祠，兩層厚的牆壁能阻擋高山的強風，就像現代人用的強化玻璃，此處是當時祭祀神明的場所。

02

的農業技術，高山氣候全年平均最高溫大概在14至17度，雖然看似穩定，但進到乾季的4月到11月間，平均低溫卻只有零下2至4度，有時甚至出現更低的低溫，早晚溫差甚大。

　　蒂瓦納庫人為了克服先天氣候的劣勢，利用當地土壤和氣候的特性，挖掘出許多溝渠，渠內不但可以養殖、栽種水生動植物，渠和渠之間的土地也能用於耕

作。渠中的水不只提供農作物足夠的水分和養分，更可以調節土壤本身的溫度，讓作物不至於在寒冷的夜晚被凍壞，這樣的耕作方式使高海拔的土壤依然能種植出玉米、藜麥、馬鈴薯和根莖作物等，提供人民充足的糧食。

蒂瓦納庫人這套先進的農業灌溉技術，艾馬拉人稱之為「sukakollos」或「suka kollas」，凱楚阿人則稱作「waru waru」。經過20世紀的研究，重新引進這項古老的耕作技術，目前居住在的的喀喀湖周邊的當地農民，有不少人繼續使用這種方式種植農作物。由於行程時間安排有限，沒有機會親眼見識這些農業技術的成就，但幾千年前祖先的智慧、順應環境而生的水利系統，依然讓現代人受用無窮。

至於蒂瓦納庫文明如何殞落，目前尚無答案，就有限的考古資料記載，蒂瓦納庫文明11世紀時開始衰敗，12世紀中已經不復存在。現今的考古學家比較傾向接受：由於氣候劇烈變化，特別是嚴重的乾旱，導致國家政體衰亡。但仍有不少其他論調的支持者認為：一場大地震或者外族入侵才是蒂瓦納庫文明走向毀滅的元兇。

不過，有時考古發現難免和當地人的認知有些微差距，尤其是資料不足或者考古研究仍在進行的情況下，不同立場對於同一段歷史的詮釋，往往有天壤之別的見

1　2

1. 卡拉薩薩亞神廟，矩形結構為典型的蒂瓦納庫建築特色。圖片最左側為普都尼宮殿（Putuni），推測為當時領導階層、貴族的住所或者陵寢。

2. 卡拉薩薩亞神廟的四面石牆總共用了五十七根紅色岩柱支撐。石牆長度和寬度分別為130公尺和120公尺，圍繞出一個露天中庭。

石牆上的排水口

解，就像玻利維亞當地的導遊堅信：印加人就是併吞蒂瓦納庫王國的侵略者，但同樣的問題放在祕魯庫斯科（印加帝國的行政、宗教中心）那頭，專門解說印加歷史的導遊就堅決否認這項說法。

民族背景不同，不管是蒂瓦納庫或印加文明，只要攸關自身祖先的過往歷史，導遊們都有總榮辱與共的感受，解釋的方式自然也就大不相同。

黃金傳說的國度

西元1549年，西班牙征服者西也撒・德雷翁（Pedro Cieza de León）來到蒂瓦納庫遺址，最初目的只

西班牙人的掏金夢，以為巨石內藏有大量黃金，所以硬生生把石塊敲開。

是為了尋找印加帝國南部行省「科亞蘇尤」（Collasuyu 或 Qullasuyu，以庫斯科為中心的四個行省之一）的行政中心。

西也撒・德雷翁是第一個用文字記錄這裡的人，那時他所看到的蒂瓦納庫已經是印加帝國領土的一部分，而且早就杳無人跡，荒廢許久，不過大部分的古蹟建築和石碑仍然矗立著。比起四百多年後才到達這裡的我們，西也撒・德雷翁何其幸運，他眼下的蒂瓦納庫遺址雖談不上風光，但肯定更真實。

建築群內以阿卡巴納金字塔神殿最引人注目，也是其中最大的建築物，T字型的建築結構，加上七層平台堆疊而成的18公尺高金字塔。當時蒂瓦納庫遺址的發現，曾一度造成轟動，聲名大噪，但之後卻因為種種陰錯陽差，西班牙殖民統治下的蒂瓦納庫就這樣被閒置、忽略。期間除了大自然的蹂躪，以及18世紀西班牙人為了尋找黃金，損壞了古蹟，蒂瓦納庫遺址就在人們的記憶裡，消逝了三百多年。

事實上，蒂瓦納庫遺址遭到人為破壞，早在蒂瓦納庫王國殞落、人去樓空的那刻就開始了，西班牙殖民時期的洗劫、掠奪古蹟文物，都使得古蹟遺址的損毀更加嚴重。

02

3公尺高、4公尺寬以及超過10公噸的太陽門，由一塊巨石製作而成，上排圖像是當時作為農耕用的時令年曆，中間神像為蒂瓦納庫人崇拜的天神「比拉科恰」。

　　19世紀末、20世紀初，玻利維亞政府為了興建附近的運輸鐵路，也把蒂瓦納庫當作露天採石場使用，鐵路所需的碎石塊，每塊都是從這裡搗碎搬運出去。不只阿卡巴納金字塔遭殃，一些石雕神像和巨石石刻也都無法倖免於難，這個安地斯古文明遺址就這樣隨著歲月一點一滴消失，對比現在艾馬拉人將這裡視為祖先的輝煌珍物，聽來實在格外諷刺。

　　現在看到的蒂瓦納庫遺址已經不是當初的原貌，復原的建築，大多是透過印加人對這個文明的敬仰和傳說，來揣摩修復，是一個名符其實的現代化精緻仿古建築群，尤其像阿卡巴納金字塔，原來應是石頭結構，但整修後的神殿卻是整齊排列的泥磚建築。

其他幾處神廟，修復後的石牆、石柱也是過度的人工修飾，當地政府一頭熱的觀光導向整修計畫，終於引來專家學者的批評。

聯合國教科文組織也提出警告，蒂瓦納庫遺址本應見證一個文明和國家的發展，它代表安地斯人類文明的重要產物，如果整修後的遺址連這些基本的本質都喪失，將不排除把蒂瓦納庫從世界文化遺產的名單中剔除。目前考古學家的挖掘工作仍在進行，遺址修復工程也持續規劃，壯觀的蒂瓦納庫建築古蹟，現在只能透過紙上還原圖先一探究竟。

太陽門的背面，太陽門擺放在卡拉薩薩亞神廟中庭的西北側。

充滿謎團的石頭建築和雕像

　　由於蒂瓦納庫文明並沒有留下任何文字記載，卻在一些石像、石門上留下不少雕刻圖像，這些圖像到底是象徵文字的符號，還是圖形裝飾，又或者代表某種特別意涵，目前研究人員仍在尋找解讀方式。可是古蹟遺址本身受損嚴重，考古學家們只能藉由陸續出土的文物和陪葬品，來推測這些建築古蹟在當時可能扮演的角色和主要功能。

　　蒂瓦納庫遺址內幾座著名的石頭建築物，包括阿卡巴納金字塔神殿、卡拉薩薩亞神廟、半地下神廟和普都尼宮殿，建造、修築時間及目的不僅不同，有些建築體可能還覆蓋在另外一座時間更加久遠的古蹟上，而且也都具備多功能用途。

　　如同阿卡巴納金字塔神殿，考古學家以挖掘到的遺骸推測，此處當初應該是用來祭祀神明的聖地，因為在高山人類文明裡，活人獻祭時有所聞。不過，2007年時，在接近金字塔頂端挖出一具屬於一千三百年前統治者身分的遺骸，從出土的陪葬品和金飾判斷，引發聯想：阿卡巴納神殿是否也扮演像埃及金字塔般國王陵寢的角色？另外，金字塔內複雜未解的排水道系統，讓人不禁懷疑這座神殿是否還有其他用途。

RECONSTRUCCION IDEAL DE AREA CIVICO CEREMONIAL DE TIWANAKU

Piramide de Puma Punku

Kerikala

Museo

Piramide de Akapana

Putuni

Kantatallita

Templo de Kalasasaya

Templete Semisubterráneo

Javier Escalante M-88

蒂瓦納庫考古園區圖
（取自門票）

2. 阿卡巴納金字塔神殿

3. 半地下神廟

4. 卡拉薩薩亞神廟（太陽門和
兩尊石頭雕像——「彭瑟」

（Ponce）、「和尚」（El Fraile）
的所在處）

5. 普都尼石棺殿

7. 普瑪彭古金字塔神殿

8. 博物館

　　位於阿卡巴納金字塔神殿北方，四面高牆將卡拉
薩薩亞神廟與其他建築物隔開，矩形結構是蒂瓦納庫典
型的建築特色，而長130公尺、寬120公尺的露天中庭
上，則擺放多個巨型石雕，其中以太陽門、兩尊分別名
為「彭瑟」和「和尚」的石頭雕像最著名。

擺在卡拉薩薩亞神廟西北側的太陽門，乍看之下有點突兀，因為豎立的位子前不著村後不著店，只有一個3公尺高、4公尺寬的門擺放在中庭的邊角，說是原址挖出的地點，而石門上方那道深深的裂痕則訴說著不堪回首的過往。實際上，太陽門原本應屬於某個神廟的大門，但到底真正的擺放位置在哪裡，一直以來引發了不少爭議。

「太陽門上的石雕故事版本應該有近百種。」蒂瓦納庫解說導遊笑著說。

但大部分的人公認太陽門上的浮雕圖形，應該就是當時作為農耕用的時令年曆，與太陽、月亮運行息息相關，最有可能就是卡拉薩薩亞中庭內神廟的大門，因為卡拉薩薩亞的主要功能除了當作公開的慶典儀式場所，也是祭司、貴族祭拜神明，以及跟神明溝通的地方。

導遊的一席話讓每個人更加仔細端詳門上那個最顯著的浮雕，因為那是蒂瓦納庫人最尊崇的天神「比拉科洽」（印加信仰中的造物神），頭上戴著象徵太陽的皇冠，兩手分別拿著控制雷電的神杖，而臉上的淚珠則代表雨水，所以也被稱為「雷電雨神」或者「流淚的天神」，祂崇高的地位和太陽門的功能，與卡拉薩薩亞神

02

1 | 2

1. 卡拉薩薩亞中庭的「彭瑟石像」，曾被當作異教圖像，右手臂上被刻上十字架和三角形圖案。

2. 在卡拉薩薩亞中庭廣場的喇叭狀石洞，可當作擴音器或者傳聲筒，供當時的儀式集會使用。

天神「比拉科恰」，也稱為「雷電雨神」或者「流淚的天神」。

廟的用途似乎真有許多不謀而合之處。

　　然而，現代科技鑑定的資料卻指出，這個太陽門的歷史應該有四千多年之久，正確的擺放地點可能是距離蒂瓦納庫主要遺址幾公里外，一個叫「普瑪彭古金字塔神廟」（Pirámide de Puma Punku）的入口才對，但不管何處才是它真正的放置地點，光太陽門只用一塊巨石切割完成，當初蒂瓦納庫人沒有現代電動工具的輔助，如何平整切割出這些直線和90度直角，它本身無數個未解的謎團，就已經相當吸睛。

　　中庭上另外兩尊石像「彭瑟」和「和尚」，被稱為卡拉薩薩亞神廟的看守員。這兩尊雕像的功能和當初雕刻的目的是什麼？加上石像到底是神像、杜撰人物，還是依照當時統治者的外貌所雕塑，或者另有其人？這些謎題至今仍然撲朔迷離。

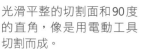

光滑平整的切割面和90度的直角，像是用電動工具切割而成。

另外，這兩尊石像擺放的位置，是否就像復活島上的摩艾石像一樣，不只有單單一尊，而是一排排列整齊的石像，又或者有其他象徵意義，尤其「彭瑟石像」（Monolito Ponce）身上的圖像雕刻，應該是當時的一種文字或者記錄，但目前也無法完全解讀，心裡萌生的各種疑問，短時間內大概也都無解。

神祕的175個石頭人像，招來外星人傳說

20世紀初考古學家亞瑟・波士南斯基（Artur Posnansky）曾經提出，蒂瓦納庫文明開始於西元前15000年，然而現在的考古資料大都推翻這樣的說法。蒂瓦納庫文明確實存在至少一千年以上的歷史，當時王國不管在行政、社會制度，或文化和宗教方面，都有相當大的影響力，但文明起源並不如亞瑟・波士南斯基提出的那麼古老。

曾有不少學者質疑，玻利維亞的安地斯巨石文明可能不是艾馬拉族祖先的傑作，而是另有他人，外來生物前來協助建造一說，更是甚囂塵上，畢竟一個文獻資料有限的古文明，古蹟遺址保存狀況又不甚理想，眾多未解謎團之下，不得不讓人懷疑是否另有隱情。

蒂瓦納庫文明遺址中，其中又以一處叫普瑪彭古

（Puma Punku）的巨石遺跡，讓外星人理論支持者提出最多疑問，切割平整的巨石群像經歷過一場浩劫，散落一地。有些學者認為這些是尚未完工的巨石塊，但更多人同意這裡的巨石建築可能遭遇大地震或者是大洪水。此外，據說普瑪彭古就像阿卡巴納神殿一樣，是一座金字塔結構的建築，建造歷史距離現今至少有一萬五千年之久。

不管普瑪彭古巨石群的建築歷史傳說有多悠遠，讓人匪夷所思的不只是當時人類如何從幾十公里外運來這些上百噸重的石頭，還有在沒有先進機器輔助的情況下，如何徒手把這些巨石塊切割出光滑平整的直角。

從出土的太陽門和一些相關的建築古蹟，都可以發現這種高科技的切割技術，更有許多出土的石頭造型，證明當時的人類似乎也已經知道開模、鑲嵌的技巧，種種疑點環伺，專家學者又更加堅信外來生物前來幫忙、協助人類創造出巨石文明。

另一處見證外星人造訪的遺址，就是位於卡拉薩薩亞神廟東邊的半地下神廟，低於平面約兩公尺的神廟石牆上，175個不同面孔造型的石頭人像，一一鑲在牆面上。

有些人認為這些石像代表蒂瓦納庫的多元族群，

半地下神廟的人臉石牆，石頭人像代表蒂瓦納庫當時不同種
族的全人類，但也有些人認為它們象徵著敵人的頭顱。

也有人認為它們象徵當時蒂瓦納庫敵人的頭顱，但175
個不同面孔和不同特徵的石頭人像，以當時對外交通狀
況來看，沒有飛行器和飛機發明的年代，除非有「神
器」幫忙，否則蒂瓦納庫人怎麼可能有機會看到這麼多
不同相貌的種族？

石頭人像中，更出現傳說的外星生物「灰人」輪
廓，這也讓外星人愛好者癡迷追逐。不過，雖說有175
個不同臉孔的石頭像，但經過大自然長時間摧殘，不少
面容輪廓早已「面目全非」，很難看出原本樣貌。

外星人話題一直以來就具爭議性，我相信人類不

是唯一存在宇宙中的生命體，但因為缺乏文獻史料記載，就要把古文明留下的歷史謎團都當作外星人的傑作，確實還是難以完全自圓其說，雖然世界各地訴說遭遇外星人的例子多如牛毛，但這種事總是信者恆信，不信者恆不信。

安地斯海拔 3850 公尺的蒂瓦納庫遺址，她的神祕色彩的確讓人著迷，散落一地、完整切割的巨型石頭更讓人理不出頭緒，難怪太多沒有答案的研究不斷在考古和科學界發酵，也讓外星人傳說從未間斷。

旅人筆記
Traveller's Note

蒂瓦納庫遺址博物館

遺址內挖掘出土的古文物、陶器和木乃伊，分別存放在入口處的兩間博物館內，不過由於博物館禁止拍照，珍貴畫面只能獨留腦海，也看得出玻利維亞政府對這些古文物的重視和保護。

石雕博物館

2002年開始啟用，2005年博物館最後一階段的建設逐步完工。館內最重要的一尊石雕是高7.3公尺，寬1.2公尺，重20公噸的Bennett 巨型石雕，以發現它的美國考古學家Wendell C. Bennett來命名，當地人也稱它為「大地之母」。Bennett 巨型石雕有一千七百年的歷史，1932年挖掘出土，之後被豎立在拉巴斯一座車水馬龍的廣場上，2002年才得以回到原址地。不過，這尊「大地之母」巨型石雕在蒂瓦納庫文明裡，真正的用途和目的是什麼，而又

擺在石雕博物館門口的「星之門」（Puerta de la Estrella），歡迎前來參觀的遊客。這座石門只用了一塊石頭就切割打造完成。

02

是依照誰的形象去雕塑，到現在仍眾説紛紜。

陶器博物館

1993年興建，裡面珍藏約三千五百件從蒂瓦納庫遺址挖出的古文物，其中包括飲酒器皿、碗、缽、瓶飾等，人頭頭骨也被收藏在館中。館內偶爾會有特展展出。

第 3 站／
烏尤尼鹽原，三天兩夜奇遇記

鹽原？看不到盡頭的白色大地，親眼見到後，更不相信
這真的是鹽，不是冰。誰說眼見就為憑，如果不用手指
抹一口白色結晶物來嚐嚐，還真以為自己正站在一望無
際的「冰原」。

世界上最大的鹽原，難得一見的天空之鏡與鹽地磚

———— ⋈ ————

03

位置
烏尤尼鹽原位於玻利維亞西南部與智利邊界處。

海拔
3653 公尺。

面積
高達 10,582 平方公里，也有人說超過 12,000 平方公里，相當於三分
之一個台灣大小。

氣候
乾季為 4 月中到 12 月中，雨季主要集中在 1 至 3 月間，年雨量大約
300 公釐。白天溫度平均 21 度，夜晚平均溫介於 3 到 13 度，但因為
高海拔和乾燥氣候，夏天最高溫可達 30 度，冬天最低溫可達零下
40 度。

特點
・雨季：「天空之鏡」美景。
・乾季：壯觀的六角裂痕鹽地磚。

常見的一日行程包括了烏尤尼鹽原、鹽旅館、鹽原之眼或水之眼，以及魚島的仙人掌、國旗地標、製鹽維生的「科爾恰尼」小鎮（Colchani）、火車墳場。

——————— ✖ ———————

巨人的眼淚幻化為鹽原奇景

　　三、四萬年前，這裡原本是史前內陸湖泊「明清湖」（Lago Minchín）的一部分，因為地層變動，加上安地斯烈日的長期曝曬下，湖裡的水不斷蒸發，大約在一萬年前形成這一大片壯觀的烏尤尼鹽原、小面積的科伊巴撒鹽原（Salar de Coipasa，玻利維亞第二大鹽原，約2,200平方公里），以及留下兩個鹹水湖，分別為波波湖（Lago Poopó）和烏魯烏魯湖（Lago Uru Uru）。

　　艾馬拉族和凱楚阿族是住在鹽原邊緣的兩個主要民族，他們現在仍維持傳統的生活方式，除了採鹽外，種植馬鈴薯和藜麥，以及畜養駱馬都是當地可賴以維生的工作。

　　當地人認為烏尤尼鹽原應該稱作「都努芭鹽原」（Salar de Tunupa）。原因是在艾馬拉族的傳說中，鹽原周圍圍繞的三座高山，其實曾經都是巨人，分別為

烏尤尼鹽原：採鹽和曬鹽

「都努芭」（Tunupa）、「庫斯庫」（Kusku）和「庫絲娜」（Kusina），相傳都努芭和庫斯庫原本是夫妻，但庫斯庫為了庫斯娜，拋棄了妻子，悲痛欲絕的都努芭流下眼淚，她的淚水最終幻化成這片令人屏息的鹽原；因此為了紀念都努芭，傳統上，艾馬拉人認為「都努芭鹽原」比「烏尤尼鹽原」更適合用來稱呼這片奇景。

開採鋰礦，渴望變身為新世代的沙烏地阿拉伯

　　烏尤尼鹽原由十一層不同厚度的地層組成，深達100公尺，最上層鹽層厚度範圍從10幾公分到10幾公尺，平均厚度約3至6公尺，這裡預估蘊藏100億噸的鹽礦，但目前一年只開採不到25,000公噸的鹽產量。
　　地表鹽層下2至20公尺深的鹵水池，粗估擁有世

03

界50%以上的鋰礦蘊藏量，如果有朝一日，鋰礦被大量開採，玻利維亞將可望成為「新世代的沙烏地阿拉伯」，擺脫貧窮國家的稱號。

玻利維亞目前並不是「鋰」的主要出口國，但豐富的鋰礦資源終究引來國際礦業公司的覬覦。有鑑於自然資源被掠奪的歷史教訓，玻利維亞當局公開宣稱：這片土地屬於玻利維亞人，不希望外國公司插手，玻利維亞不只要開採鋰礦，更要發展和鋰相關的生產，把這個財富掌握在自己國家手中。不過也正因為如此，烏尤尼鹽原的鋰開採量並不大，至少現在還能保有這裡最自然的美麗。

然而，「綠色能源產業」中的電動車需要大量的鋰電池，鋰的身價也因此越來越高漲，所以「是否應該大肆開採烏尤尼鋰礦」的爭論早已出現，不只因為開採後這裡將面臨和阿塔卡馬鹽原一樣被汙染的命運，如果大自然遭到破壞，當地傳統的生活方式也勢必會被改變。環保議題讓很多人反思，成就世界綠能就要犧牲地球絕美秘境的作法，這樣真的環保嗎？值不值得的聲浪也在這幾年中持續下去。

1	2
	3
	4

1. 2. 鹽原之眼，或稱水之眼，水從地底冒出。

3. 到此一遊的各家國旗。

4. 鹽旅館兼餐廳，但這裡的住宿有破壞環境的疑慮。

心驚膽跳的三天兩夜，遇上「酒醉仍上道」的司機

想在這片安地斯高原行動，四輪傳動車是唯一能探訪這個地方的交通工具，通常是由司機兼任導遊，載著六位遊客一同前往，觀光行程的天數由客人挑選，但都得依靠同一位司機、同一部車。

我的司機導遊大哥是個很親切的人，總是不急不徐，耐心的等每個人都拍完照後，才往下個景點前進，連鹽原上擺出的各種生動拍照姿勢，也都是經由他建議，加上他良好的駕駛技術和飲食照料，讓大家在第一天的相處下來後，放心不少。因為行前聽過太多車子拋錨、司機酒駕和食物引發上吐下瀉的意外事件，導致大家對於這樣臨時拼湊而成的團體行程，多少存有些疑慮和擔心。

但就在每個團員讚許這位大哥、說他好話的隔天，司機大哥便開始出現詭異行為。除了一早姍姍來遲，讓大家久等一個小時才開始用餐外，眼見其他團體都已經陸陸續續離開，他仍緩慢地一邊檢查車況，一邊口中念念有詞，反覆說：

「真的很抱歉，我真的太抱歉了，各位很抱歉，請原諒我……請原諒我，我真的很抱歉……」每看到我們

03

1	2
3	4
5	

1. 火車墳場：鐵路修建於19世紀末，專門用來載送當地的礦物往太平洋港口輸出，直至1940年因礦產枯竭而沒落，最後招致遺棄，當地人視火車為入侵他們家園的罪魁禍首。

2. 種植在海拔3800公尺以上的藜麥。

3. 4. 5. 只有一條街的製鹽小鎮──科爾恰尼，露天鹽椅和供遊客拍照的鹽駱馬。

一次，他就重複一次這些話。

剛開始，我們都以為他只是為自己的遲到感到不好意思，雖然舉止有些脫序，但也說不上哪裡怪異，我們不疑有他，一團六人還是跟著他的腳步上了車，反正出來旅行，大家平安開心最重要，晚一點出發也無傷大雅。

不過，接下來的二十分鐘，這位大哥的行為越來越詭異，車子不只開得龜速也歪歪斜斜，連續幾個莫名奇妙的煞車，讓坐在車內的我們越來越緊張，此時完全可以確定他真的還在宿醉，加上眼前迎面而來的一大片巨石山谷，道路開始變得彎彎曲曲。迫於緊急，我們一行人火速達成共識，決定請他停車，改由另外一位有國際駕照的團友開車，至於司機就請他坐在副駕駛座，由他帶路。

司機大哥可能自知理虧，所以無異議馬上停車換位，我們接下來的景點也都停留特別久的時間，讓他能多休息。他自己也一直灌水希望趕快清醒，但短時間內無濟於事，因此，一整個早上他都呈現宿醉狀態，不過我們還是照著他引導的方向繼續前進，按照計畫走完原定行程。

由於道路狀況不佳，我們開車團友已經盡力將大

鹽原上開始的三
天行程,司機大
哥和他的四輪傳
動車。

家平安載到每個景點,期間司機不斷抱怨這位團友損傷
他的四輪傳動車,神智不清下竟還想回到駕駛座,重掌
方向盤,大家當然不可能讓他這麼做,他不死心,想說
服我們他已經清醒,但我們實在無法跟他賭命。

　　事後他坦言是自己生日,所以才在前一晚多喝了
點酒慶生,但這當然是謊話,司機最後也承認這已經不
是他第一次酒後駕車,不過大概是第一次遇到這麼強勢
的客人。三天行程結束後,我們把這件意外插曲通報給
旅行社,希望旅行社能約束自家的司機。

　　但,司機大哥自己都坦承不是第一次酒駕了,大
家也無話可說。

　　不過,更讓我們覺得恐怖的是,前一晚和他一起
喝酒的酒伴們都是當晚跟我們住在同個地點的司機,原

來旅遊書上說的都是真的，酒後駕車造成遊客傷亡的意外在這片高山時有所聞。有人質疑這是因為便宜的團費而衍生出的問題，但老實說，這裡能選擇的包裝行程就那幾項，費用差別跟團員人數及食宿選擇比較有關聯，縱使坐在同樣一輛車上，每位散客團員的費用也都不太一樣，怎說誰付了最便宜的價錢而影響開車品質呢？

雖說司機大哥酒駕行為實在太超過，但也只能怪罪當地法令不嚴謹，我們甚至懷疑司機們是否有「喝酒不開車」的觀念存在，這種危險情況在這個地方大概一時半刻也改變不了，不過以司機他個人熱心的服務態度來說，我們當中包括我在內的四個人，最後還是給了他小費，聊表心意，只是當下心裡只剩一種感覺：呼！平安歸來真好。

睡鹽床、吃草泥馬的安地斯高原旅程

體驗一：體驗四輪傳動車遨遊安地斯山的快感

只有四輪傳動車才能無拘無束移動在海拔 3600 到 5000 公尺高的安地斯山間，從「烏尤尼鹽原」到「晨之陽地熱區」（Sol de Mañana），車子行駛在不平的沙土路上，最受苦的是屁股，還好行車路線不複雜，沿路奇景不斷，讓人甘之如飴。

夏天的乾燥季節裡，車外陣陣大風，颳起的沙塵讓坐在車內的人無一倖免，全都灰頭土臉，行程結束後第一件要務，就是好好沖個熱水澡，把自己洗刷乾淨。然而，在7、8月的冬季，大部分的道路不是被雪封住，無法通行，就是一再上演車子困在雪堆、團員得合力推車的戲碼。導遊一邊開著車，一邊說起過往經驗。雖然冬天道路狀況不甚理想，但白雪覆蓋的景緻則別有一番風味。

在這遼闊的高山野地裡，無論哪個季節，隨時都有無法預測的事情發生，意外有時不見得不好，讓人難忘的驚喜通常都是這樣因運而生，雖然難免不如人意，又或者無法承受，但或許這才是安地斯高原迷人之處。美麗的高山充滿意外驚喜和無法控制的陰晴不定，才讓樂於冒險的旅人前仆後繼，躍躍欲試。

體驗二：睡在鹽磚做的床，舔一口鹽磚砌成的牆壁

原本就地取材應該是最經濟方便的方法，但烏尤尼鹽原上的鹽旅館和附近村莊的鹽桌、鹽椅、鹽屋和鹽製品，都是專門為觀光客量身訂做。「鹽磚」不是這些當地居民的建材，而是他們的生財工具，當地居住的屋舍大部分還是以泥磚、混凝土為主，只有觀光客才有機會住上一晚鹽屋，睡上一晚鹽床。

1 | 2

1. 鹽磚砌成的客房。
2. 外牆上醒目的「請勿隨地小便」告示牌，希望大家不
要破壞鹽原環境。

因此，以觀光為主的旅館和餐廳，就有人貼上一
張看起來像是開玩笑，但其實又很認真的公告：「請勿
隨意舔拭房內的牆壁。」生怕遊客們把鹽牆壁給舔薄，
但實在有此地無銀三百兩之嫌，讓一些好奇的觀光客躍
躍欲試，我看不少人大喇喇舔了一口，順便拍張照留下
紀念，也不見任何人前來阻止。

體驗三：海拔 4000 多公尺的高山湖泊旁，來頓浪漫午餐

跟著四輪傳動車穿越在安地斯山，荒蕪的沙漠和
成列的火山群如影隨形，最讓人驚喜的莫過於突然出現
在眼前的絕美湖泊。沒有太多加工，每處景色都像大師
筆下的畫作。

行程的第二天中午，一定會安排一處湖畔就地野餐，讓人心曠神怡、忘記煩惱的美景早已餵飽飢渴的靈魂。而雖說是野餐，但餐點一點也不馬虎，早上現做的食材還有餘溫，吃素吃葷讓人隨意搭配。

　　這裡的湖泊平均海拔都在4000公尺以上，豔陽高照下的空氣仍帶著絲絲寒意，我們一行人在海拔4460公尺高的「卡奇湖」（Cachi Laguna）停留，周圍覆蓋著白雪的主峰高度超過5300公尺，遠方的濕地還隱約看得見野生動物的身影，湖邊的紅鸛則成群結隊專心覓食，大家各自端著盛好的午餐，挑選個好位子，不能錯過眼前的這一切，寧靜的氣氛下，此時只聽得見自己的心跳聲。

03

「卡奇湖」的戶外野餐。

體驗四：沒搞錯，就是要「嚐嚐」草泥馬

我們熟知的可愛草泥馬，其實是安地斯民族幾千年來的日常食物，這裡的「羊駝」全是當地人的資產，放養在海拔3500至3800公尺的高山草原上，耳朵上的紅緞帶證明牠們都有主人，不可能出現野生品種。

祕魯、玻利維亞和智利大北方都有機會嚐到羊駝肉，牠的肉質是世界上公認口感好、且營養價值極高的首選肉類之一。對專門飼養羊駝的人來說，一隻羊駝從裡到外都很值錢，除了肉可以食用、賣給觀光客外，羊駝毛編織成的毛衣、毛帽以及羊駝皮製成的坐墊、踏墊更是觀光市場上的重要商品，為當地人開創經濟財源。

草泥馬吃起來的滋味究竟如何？因為肉質本身沒有什麼脂肪，也沒有濃烈的腥味，所以我只能回答：「鮮嫩的口感像雞肉。」但吃著煎過的羊駝絞肉和羊駝排，團友說牠的味道更像小羔羊肉，從沒吃過羊肉的我也無從比較，不過味道好不好，大概還是跟料理方式比較有關。

體驗五：享受原始的自然，原始的解放

烏尤尼鹽原獨特唯美，高山沙漠壯闊無邊，鹹水湖五彩繽紛，除了驚艷還是驚豔，只有流連忘返沒有遺憾，但想一睹玻利維亞大自然的美麗原始風光，就先要

1 | 2

1. 海拔4750公尺高的達利（Dalí）沙漠。
2. 烏尤尼小鎮附近飼養的羊駝和駱馬。

有適應原始解放的心理準備。

　　離開烏尤尼城鎮後，自然風景區幾乎沒有「人工廁所」，尤其在一望無際的高山礫漠、沙漠區，想找個遮蔽物就地方便，其實很困難，加上這麼乾燥的天氣裡要一整天不喝水，也是不可能的事。記得好幾次同團團員都是在四輪傳動車的輪子旁輪流解決，此時只能請大家各自撇過頭去，彼此將就一下。

　　如果非得找到遮蔽物才能解放，也只能等到幾個特定的觀光景點，因此有些觀光客「必到」的風景區，只要走近某些石牆或大石塊後方，陣陣惡臭便撲鼻而來，因為大家繞來繞去，能去的「方便景點」就只有這

些，不過這也算是拜訪這個美麗國度，最原始的體驗。

另外，玻利維亞大多數的廁所，原則上都是使用者付費，烏尤尼區的觀光景點更無一例外，有時即使在店裡用餐、買東西，想使用廁所，店家還是會額外酌收費用。

「天下沒有白吃的午餐」，想解決內急，付點錢聽來也很合理，但廁所清潔實在讓人不敢領教，還記得曾被要求付了一塊美金，原本還以為有專人打掃，環境衛生可能稍微好些，但沒想到髒亂依舊，該怎麼說，憋著氣盡快解決就是。難怪即使在有廁所的地方，不少觀光客還是寧願在大自然裡解放。

鹽原、沙漠、火山……令人難忘的十個景

1. 烏尤尼鹽原

一望無際的白色鹽原，是個旅人可以盡情發揮創意的地方。

2. 長滿仙人掌的「魚島」

為何稱作「魚島」（Isla Pescado / Incahuasi）？原因是雨季時，島在水裡的倒影就像一條活跳跳的魚，因此而得名，但這個島也被稱作「Incahuasi」，意思是「印加人的房子」。島上最特殊的景觀就是巨大的仙人掌，這些一年只長1公分的仙人掌，可長到10公尺以上的高度，其中不少仙人掌都屬於古董級，存在的時間從幾百年到一千多年都有。

03

3. 荒蕪的高山沙漠：西羅利沙漠

海拔4500至4700公尺的西羅利（Siloli）沙漠，以及平均海拔高度4750公尺的達利沙漠。

4. 沙漠裡的奇岩怪石

壯觀的石林和超過6公尺高的石之樹。

5. 彩色的瑟雷斯特湖

瑟雷斯特湖（Laguna Celeste）位於海拔4530公尺，本來湖色應該是天空藍，但拜訪當日湖面多呈現黃綠交雜，雖然沒在此地停留太久，但綠色湖面讓人印象深刻。

6. 維爾德湖和里坎卡布火山

「維爾德」在西班牙文是「綠色」的意思，但想看到綠色湖面是需要靠點運氣；而科學家則是藉由研究里坎卡布火山（照片右側）的生物，來比較這些生物如何生存在地球和火星的惡劣環境中，所得資料進一步用來搜尋可能存在於太陽系裡的其他生物。

玻利維亞 BOLIVIA

7. 紅色的科羅拉達湖

科羅拉達湖（Laguna Colorada）是個帶點鹹味的淺水湖，面積約60平方公里，深度不超過1公尺，紅色的湖水是因為一種特殊可以生長在鹽度極高的藻類所形成。雖然環境不適合大部分生物生存，但這裡卻是紅鶴主要覓食的地區。

8. 追逐紅鸛的蹤跡

紅鸛又稱火烈鳥。前往位在玻利維亞最西南邊角與智利交界處，占地7147.45平方公里的安地斯國家生態保護區（Reserva Nacional de Fauna Andina Eduardo Avaroa），高度介於海拔4200至6000公尺，這裡是世界上六種紅鸛其中三種的棲息地，維爾德湖和科羅拉達湖都位在保護區內。

9. 好運碰上野生動物

「小羊駝」一般生活在海拔3800公尺以上的地方，個性非常怕生，容易受到驚嚇，有時會看到落單行動的小羊駝，但大部分時候牠們都是過著成群結隊的團體生活。住在安地斯山的「兔鼠」屬於草食性嚙齒動物，體重可達3公斤，當牠們出來享受日光浴的時候，可以在石頭縫、乾草堆和濕地上瞥見牠們的身影。

03

10. 第一道曙光中拜訪的波爾給斯溫泉

波爾給斯溫泉（Termas de Polques）海拔4400公尺，當地人與有榮焉地說：「這是世界上最高的溫泉池。」我想聽在西藏人的耳裡大概會很不服氣吧。不過，這個溫泉池的高海拔肯定不是屬一就是屬二，想下去試試前先要多穿幾層衣服，一早的陣陣冷風讓人頭皮發麻，但室內的早餐加上窗外的美景則是讓人無比愜意。

當地旅行社不會告訴你的六件事

1. 當地的團費都可以講價:

可以當日(比較冒險,尤其團員人數只有一、二人)或提前一天至烏尤尼小鎮上的旅行社詢問,除非天候不佳或路況真的太差,否則幾乎天天都有團出,同樣的三天兩夜最基本包裝行程,平均價錢比網路上的訂價便宜20至30美元。同樣天數的團費價格有落差,主要還是取決於一團的總人數和食宿品質,包車行程的價錢,一輛四輪傳動車如果只服務兩名團員,三天行程下來,每人團費至少上看400美元。

2. 自助客想節省旅費:

越多人同行越容易談到好價錢,最省錢的方式就是湊滿六個人,如果你不介意第一晚跟其他團員同住一個大房間,睡行軍床,一個人團費大概只需要115美元左右(約BOB 800,BOB玻利維亞幣),但三天兩夜的吃住都是最基本,只有一晚能自費洗熱水澡,小費和門票也都不算在內。

3. 身邊需要多準備BOB 200和一些美元零錢:

三天行程除了必須支付的門票費用外,如果想洗熱水澡,買水和零食餅乾,甚至上洗手間,這些都是額外開銷,目前只要出了烏尤尼小鎮,就不可能找到ATM和刷卡機。

4. 英文導遊帶隊的三天兩夜六人團：

每人至少需要支付175美元（約BOB 1200），實際上也不太需要，行程中大部分的時間都是欣賞大自然風景，需要用到語言講解的歷史文化和環境形成可以事先作功課，所以即使聽不懂司機兼導遊的西班牙文，比手畫腳還是可以順利完成三日遊。

5. 攜帶充足備配：

旅行在3600至5000公尺高原，除了預防高山症用藥外，防曬和防寒衣物也得準備妥當，白天陽光充足時，紫外線非常強烈，但夜晚太陽一下山，高海拔地區的低溫平均都是零度或零度以下。帽子、太陽眼鏡免不了要隨身攜帶，如果可以，帶上充足的礦泉水和衛生紙，以及睡袋、手電筒或頭燈。

6. 多帶個行動電源或者足夠的備用電池，免得錯過拍攝美景的機會：

只有第一晚住宿地方有充電插座，一般來說，須等到行程結束回到烏尤尼小鎮，才又有機會找到充電處。

第4站／

天神的眼淚 —— 的的喀喀湖

當地人說，她的樣子看起來就像是一頭美洲獅追著一隻
兔子，這充滿戲劇張力和想像力的描述，從不是印加傳
說，也不是安地斯神話故事，手上拿的那張衛星照片證
明他所說一字不假，先進的科技，讓的的喀喀湖濃縮在
一張薄薄的紙片上，我瞧了半天，終於看出端倪……。

印加傳說中黃金寶藏的藏身地

的的喀喀湖面積 8400 平方公里，幅員遼闊、水天
一色，美麗的湖面只能用一望無際來形容。湛藍的湖水
和蔚藍的天空，以及周邊精采豐富的人類文明，都使這
個位在安地斯山脈群裡的高原湖泊如同珍珠般耀眼。

的的喀喀湖的海拔為 3810 公尺，呈西北東南走
向，橫跨在祕魯和玻利維亞兩國之間，湖水主要來自安
地斯山脈融化的雪水，大大小小的支流超過二十五條，
其中只有德薩瓜德羅河（Río Desaguadero）從湖面流
出，一路往東南方向流去，河流綿延近 400 公里，最
後終止於玻利維亞境內的內陸鹹水湖——波波湖（Lago
Poopó）。

定居在的的喀喀湖流域的艾馬拉人，不管是祕魯
籍或玻利維亞籍，他們的祖先來到這裡生活的歷史，可

的的喀喀湖一景，遊艇正朝著太陽島前進。

04

以往前追溯至少兩千年。位於湖面東南方的蒂瓦納庫遺
址和四周遺留下來多處的神廟古蹟，雖然有些只剩下斷
垣殘壁，但仍可見證蒂瓦納庫王國統治時，的的喀喀湖
曾經扮演「聖湖」角色的過往。後來崛起的印加人，為
了強調自己的正統性和合法統治權，更多的神話故事在
此因應而生。

　　遼闊的湖面孕育出數不清的傳奇故事，探險家最
耿耿於懷的，大概就是印加帝國的「失落的黃金」。當
初西班牙征服者就是看上印加人土地上取之不盡、用之
不竭的黃金寶藏，才一心想把這個地方納入自己的殖民

版圖，但很可惜，相傳西班牙人到達庫斯科城前，印加人早已運走城內原本更多的黃金，並將黃金埋藏在西班牙人永遠找不到的地方，而的的喀喀就是傳說中這批黃金的最後藏身處。

然而，傳說終究是傳說，五百年來，多少人朝思暮想這一夜致富的傳奇故事，卻不曾有人如願以償，如果假以時日真有人找到這些失落的黃金，肯定會讓世人津津樂道，我們就拭目以待黃金故事究竟是真實的傳說，還是人們念念不忘印加帝國而杜撰的故事。

造物神比拉科恰的眼淚

看著窗外的的的喀喀湖，黃昏的太陽沒有一點和煦，傍晚的湖畔開始籠罩寒意，靠湖吃飯的船家們紛紛趕著在黑夜來臨前，將自己的漁船、快艇駛進港灣。

半山腰的視野下，讓我將的的喀喀湖看得更清楚，雖然日落西山，但仍捨不得錯過任何湖面風光，還在猜想失落的黃金到底藏在湖的哪一角，波光粼粼的湖面被夕陽照得金光閃閃、耀眼迷人，也難怪西班牙人眼下盡是自己的黃金夢，但印加人眼中的這個大湖，不是財富的象徵，而是他們崇高無上的造物神——比拉科恰（Viracocha）的聖地。

流傳的印加傳說中，造物神「比拉科恰」從的的喀喀湖降臨人間，創造萬物、指揮天體運行，而的的喀喀湖的湖水也是造物神「比拉科恰」用祂的眼淚一點一滴累積、幻化而成。

「比拉科恰」雖然身為造物主，但祂不捨自己創造出來的萬物歷經磨難而流淚，於是便指派「芒科·卡帕克」（Manco Cápac）和他的姊妹，也是他之後的妻子「瑪瑪·奧克有」（Mama Ocllo），一起到人間教導、開化萬物，他們是印加文明的創始者，而「芒科·卡帕克」後來更被稱為太陽神之子，開啟安地斯人類文明的嶄新一頁。

的的喀喀湖的深幽有種淒涼之美，深不見底的湖水，總是蒙上一層神祕面紗，曾經聽過的印加傳奇故事中，就以「造物神的眼淚」最令我難忘。

1 | 2

1. 太陽島下的的的喀喀湖。
2. 太陽島最南角和遠方的月亮島。

的的喀喀湖湖面上、湖畔旁看得見的古蹟遺址，在在證明她不曾錯過安地斯高山人類文明的發展，如果造物神「比拉科恰」真的存在，或許祂早已預見安地斯民族、部落間的殺戮和征戰，以及印加帝國的衰敗，最終迎來新的統治者。

西班牙人帶來的迥異文化、大大小小的教堂，讓上帝和聖母順理成章走入當地人的生活裡，不論如何改朝換代，的的喀喀湖總是用淡然的態度，默默看著世間的物換星移。

印加帝國的造神神話——太陽島

———————— ✕ ————————

位置
位於玻利維亞境內之的的喀喀湖，距離城鎮科巴卡巴那約 12 公里。太陽島附近還有另一座小島「月亮島」（Isla de la Luna），島上有印加遺跡。

歷史
約在西元 500 年，這個島嶼就是蒂瓦納庫統治下的宗教聖地，後來印加人為了統治的正當性，塑造了造物神從的的喀喀湖的島嶼中，喚出星星、月亮、太陽的神話，才正式命名為「太陽島」。

特點
· 號稱玻利維亞境內最大、最完整的印加遺跡。
· 一邊登山，一邊欣賞的的喀喀湖風光，感受猛烈的高原陽光。

———————— ✕ ————————

1 | 2

1. 當地農家，仍有兩千多位居民住在太陽島上。
2. 「尤瑪尼」村落的大片梯田。

04

　　從科巴卡巴那前往太陽島的快艇馳騁在的的喀喀湖上，約莫一個半小時後，便能來到太陽島（Isla del Sol）。

　　一般登上太陽島，大多從一個叫「尤瑪尼」（Yumani）的部落開始，依山勢而起的層層梯田最先映入眼簾，之後迎面而來的則是入口處兩百多階的陡峭石梯，據說從印加時期就保存至今，至少有五、六百年的歷史。告示牌上標註的海拔為3960公尺，光走路就讓人氣喘吁吁，踩著斷斷續續的步伐，一步步往島的最上方走去，只為一覽無遺的湖面景色，也一探印加文明發源地的神話傳說。

　　一路跟著我從科巴卡巴那來到太陽島的私人導遊，簡單介紹島上的一切，原本猜想一眼望去盡是外來

臉孔的太陽島，是否早已成為觀光客的另類天堂，也不免讓人懷疑是否又是一處專門為觀光而生的印加文明景點。

然而，導遊口中的太陽島目前尚有2000多位居民，大多數為艾馬拉人，主要以農耕和捕魚維生，但觀光收入才是當地居民最重要的經濟來源，連導遊自己也曾是島上的居民，但為了生計，現在選擇在科巴卡巴那定居。

太陽島上三個主要村落分別為「尤瑪尼」、「洽亞」（Challa）和「洽亞邦巴」（Challapampa），而「尤瑪尼」是最大的村落，也是最多觀光客駐足的地方。

位於「尤瑪尼」入口的印加石階，引領遊客前往青春之泉，以及太陽島最南端的一處印加神廟遺址「皮科卡伊那」（Pilkokaina），沿途一大片壯觀的梯田、隨處可見的驢子和駱馬，為寧靜的村莊注入了些許活力。

除了能夠瞭望的的喀喀湖的美麗，太陽島上原始純樸的傳統生活，大概也是吸引觀光客前來體驗的原因之一，沒有現代化汽機車代步，每次走訪都得靠萬能的雙腳，雖然島嶼面積不大，卻有幾十處的印加遺址，但如果已經見過祕魯印加文明的壯觀大排場，這裡的石頭古蹟和神廟只能說是小巧而精美，完全和華麗、雄偉沾

1 | 2

1. 印加神廟遺址「皮科卡伊那」。
2. 「皮科卡伊那」神廟裡一顆心型岩石。

不上邊，有些神龕、神祠甚至隱藏在荒煙漫草裡，非常
不醒目。

04

　　安地斯傳說中，星星、月亮和太陽都是造物神「比
拉科恰」從的的喀喀湖中的島嶼所喚起，而且聽從祂的
指令來運行，尤其是太陽神「印蒂」（Inti，凱楚阿語的
「太陽」），祂是賜予萬物生機中最有影響力的神祇，安
地斯民族對祂的崇拜自然不可言喻。

　　「君權神授」的觀念對當時的安地斯民族來說，是
決定一位統治者能否擁有正當權力來治理人民的最高指
標，只有血統純正的統治者才有資格管理地方百姓。其
實，依照那個年代的想法來看，就不難理解為何有太陽
島的出現，以及印加文明創始者「芒科・卡帕克」被
尊為「太陽神之子」的英雄神話流傳。

既然太陽是由造物神「比拉科恰」從太陽島所喚出，而「芒科·卡帕克」又是太陽神指派在人間教化眾生的替身，印加人理所當然就是「太陽的子民」，這種將造物神、太陽神傳說和自己祖先身世巧妙連結的自我行銷策略，不但為印加血統創造尊貴的皇室象徵，也成功為15世紀帝國領土擴張的軍事佔領行動，說出一番既正當又合理的解釋。

　　現在的專家學者相信，這樣的造神神話戰略確實為印加帝國的野心帶來許多方便，一方面幫助印加人減少戰爭的直接衝突，另一方面又讓後來的領土管理能更加順利進行，但也正因為如此，一些研究印加歷史的相關資料開始出現質疑，或許印加人並不是起源於的的喀喀湖，而是另有他地。

　　「太陽島」的名稱在印加時期才正式被使用，但實際上早在四千多年前，這座島上就已經出現人類的蹤跡。

　　西元500年左右，的的喀喀湖上的島嶼在蒂瓦納庫王國統治下，成為當時重要的宗教聖地，後來崛起的印加人更在這些地方積極建設，造橋、鋪路、修梯田、蓋神廟不餘遺力，尤其是太陽島，16世紀初期時，成為印加帝國最神聖的聖地。

1 | 2 　1. 青春之泉，從右至左代表三個印加神聖戒律——「不可盜竊，不可偷懶，不可說謊」。
2. 太陽島上陡峭的印加式石階。

04

　　原本帝國疆土上就有無數座太陽神廟，祭拜印加人崇敬的太陽神，但更多的印加人寧願千里迢迢來到的的喀喀湖和太陽島朝聖，遙祭他們心裡那個創造出「印蒂」的偉大安地斯造物神——比拉科恰。

　　雨季尾聲的太陽島，到處仍是綠油油一片，島上的梯田除了玉米、馬鈴薯，還有一些當地的塊莖作物，如同的的喀喀湖上其他島嶼和周邊陸地一樣，5月份才會正式進入乾季，之後持續將近半年的時間。

　　跟著導遊，邊走邊看，也邊聊起印加神話，他對於印加人所創造的帝國帶著一絲不屑的口吻，反倒問我是否已經參觀過「蒂瓦納庫」遺址。

　　對這位艾馬拉族導遊來說，蒂瓦納庫文明和他自

身有著更貼近的血緣關係，縱使考古界不斷懷疑，認為蒂瓦納庫王國的建立者可能和艾馬拉族的祖先沒有直接關係，但不管未來是否有更多資料可以證明，至少對目前的的喀喀湖周邊的艾馬拉人來說，與其讚嘆印加文明的光輝，不如以蒂瓦納庫文明曾經有過的輝煌歲月為傲。

誰是艾馬拉人？

太陽島上，遇到一位當地小男孩，他沒有玩伴，唯一能打發時間的是地上的泥土，他興高采烈地要我看看他親手捏出、用一塊塊泥土堆疊而起的圓形鏤空小泥塔，精心的傑作和無邪的笑容是這座島上最美麗的風景。

艾馬拉族人到達的的喀喀湖的時間，大概可以追溯至西元前1400年到西元前400年間。至於族人從何遷徙而來，有一說法是祕魯中部，不過這仍只是語言學家們的推測，截至今日，他們的遷移活動都還是一樁未解謎團。

艾馬拉人現存的人口大約有2,711,500人（根據PeopleGroups 2015年官方網頁資料），分布在阿根廷、玻利維亞、智利、祕魯。超過半數的艾馬拉族人居

太陽島上的艾馬拉小孩和他得意的泥土創作。

住在的的喀喀湖周邊，分屬祕魯和玻利維亞兩國。

艾馬拉族人的特徵是皮膚黝黑、黑髮、臉型較寬、身高偏矮。當地婦女都習慣帶圓頂高帽、頭編長辮，與另一個安地斯民族「凱楚阿」（Quechua）相似。

有些族人為了追求更好的工作條件和教育品質，攜家帶眷遷徙至大城市，例如玻利維亞的拉巴斯，或智利的阿里卡（Arica），但絕大多數人仍居住在農村裡，維持傳統的生活方式，以農牧業為主，種植馬鈴薯、藜麥、豆類、大麥等，也在溫暖的山谷內種些水果和玉米，從湖裡打魚補充額外的營養，他們的生活方式就像一千年前的祖先一樣，沒有太大差異。

住在安地斯高原的艾馬拉小女孩。

擅長編織，總是帶著圓頂高帽的艾馬拉族婦女。

「神明」必爭之地的科巴卡巴那

---------- ⌖ ----------

位置
玻利維亞境內的的喀喀湖畔，鄰近祕魯邊境。

歷史
科巴卡巴那曾是蒂瓦納庫王國的領土，15世紀晚期，印加帝國的勢力也曾延伸至此，而這些古文明的神廟、遺跡最後大多慘遭西班牙征服者的毒手，被大規模破壞。

特點
‧ 宗教聖地。
‧ 西班牙殖民小鎮色彩。
‧ 最理想安排前往太陽島和月亮島的基地。
‧ 往來祕魯普諾和玻利維亞拉巴斯之間的中途站。

---------- ⌖ ----------

　　科巴卡巴那距離祕魯邊界只需要十分鐘的路程，處於兩國間必經要道的地理位置，這個小鎮因此成為旅人往來觀光景點的重要中途轉運站。許多想一覽太陽島、月亮島或者其他湖上島嶼的觀光客，都得從這裡的港口出發。

　　由於特殊的交通樞紐，讓看到商機的生意人紛紛來到這裡投資，面向的的喀喀湖的現代化旅館、飯店一間間興建，山坡上一棟棟造型奇特的民宿也拔地而起，從半山腰往下看去，好幾棟仍在趕工和整修的建築物裸

露出來紅磚瓦塊和鋼筋水泥，成為湖邊另一種怪異景象。

　　觀光客大都集中在科巴卡巴那港灣一帶，小鎮裡大街小巷走來也不複雜，從湖岸口沿著鎮上最熱鬧的大街是「8月6號街」（Av. 6 de Agosto，8月6日為玻利維亞獨立紀念日），旅行社、遊覽車公司、網咖、各式餐廳都在這條主街上林立，白天遊客來來往往，走到底就是湖岸口登船的地方，往太陽島、月亮島和其他周邊的景點，都從這裡出發。

　　晚上主街的熱鬧程度更是不遑多讓，大部分網咖、餐廳都營業到很晚，接下來登場的酒吧現場樂隊表演，把小鎮從白天脫俗的宗教聖地，變成一座燈紅酒綠的不夜城，尤其每逢小鎮觀光旺季的7到9月，一些喜歡夜生活的人們，總是忘情地在這條大街上流連忘返。

　　8月6號街可以直通主廣場，當地人稱作「2月2號廣場」（Plaza 2 de Febrero，天主教的聖燭節），街道的另一邊就是一座摩爾式建築的白色天主教教堂。

　　現在看到的教堂是由西班牙人於西元1619年擴建，直至1805年才正式完工，最著名的就是教堂內擺了一尊高約120公分、手裡捧著聖嬰的聖母像。據說當地人普遍相信，移動聖母本尊就會引來的的喀喀湖湖水

1 | 2

1. 湖口登船處。突然的烏雲密布仍不減遊客興致，載客快艇蓄勢待發，準備將客人帶往各自的目的地。
2. 靠近湖邊尚未完工的建築以及湖畔旁滿滿的餐廳、旅館，看得出當地的觀光產業正蓬勃發展。

04

暴漲和毀滅性的天災，所以每次節慶需要的遶境出巡，都由替身聖母代勞。

　　兩座丘陵與的的喀喀湖間形成的港灣腹地，目前約有六千多位居民在這裡生活，而且大都為艾馬拉族人，以信仰天主教為主。

　　15世紀晚期，在印加帝國勢力範圍延伸至此之前，這裡曾是蒂瓦納庫王國的領土，也是距今約三千年的戚里峇（Chiripa）文明影響區域範圍之一，豐富的古文明色彩從周邊相繼出土的遺址可以略知一二。

　　不過，後來才到的西班牙人為了一圓自己的黃金

夢，不但無情大肆破壞和掠奪這些古文明，他們更合理
說服自己是奉神的旨意前來，為的是教化當地族人不文
明的思想和行為，因此像印加神廟、神像，以及印加文
明前的古遺址和崇拜雕像，無不慘遭西班牙人的毒手。

　　或許安地斯民族彼此間的併吞和殺戮，就已經讓
原本的文明傷痕累累，但還不至於摧毀殆盡，之後西班
牙征服者大規模破壞所帶來的慘痛代價，只能說是有過
之而無不及。現在科巴卡巴那周邊還能看到的古蹟遺
址，除了考古學家們後來才挖掘出土的古文物，舊有的
古蹟能保留下來，已經算是不幸中的大幸。

科巴卡巴那天主教教堂。

　　除了觀光客喜歡在此短暫停留，科巴卡巴那更是玻利維亞人心中神聖的宗教淨土，平日就有為了一睹聖母尊容和祈求禱告，從玻利維亞各地前來的朝聖者。看著身旁虔誠的信眾，不免讓人聯想到，西班牙人當初不也用了和印加人相同的手法，讓科巴卡巴那搖身一變成為「南安地斯」最重要的天主教聖地嘛！

　　過去幾百年來，聖母展現神蹟的例子，當地人如數家珍，或許真有那超自然力量。當初是印加人的太陽島，現在則是羅馬天主教聖母的科巴卡巴那，不由得讓人發想，到底是「時勢造神明，還是神明造時勢」？崇

高神明的先來後到，似乎冥冥之中早有定數。

「貧困者的上帝並不一定是使他們貧困的那套制度
的同一個上帝。儘管根據官方資料，巴西人口中
有94%信仰天主教，但實際上黑人仍然鮮活地保
留著他們的非洲傳統，他們的宗教信仰一直活在
他們心中。當然，這些東西常常罩上基督教聖像
的偽裝。」──愛德華多・加萊亞諾《拉丁美洲：
被切開的血管》（南方家園）

愛德華多・加萊亞諾的一席話雖然說的是巴西，
但套用在被西班牙人殖民三百年、曾經擁有高度文明的
印地安人身上，似乎再也貼切不過。

不同於巴西黑人遭受販賣而被迫遠離家園的命
運，拉丁美洲的印地安人受到殖民主義的嚴重殘害，他
們的處境與巴西黑人相差無幾，但印地安人本來就有豐
富藝術和文化傳統，絲毫不因殖民的關係而中斷。

玻利維亞超過90%的人口自認為是天主教徒或新
教徒，他們甚至不遠千里前來科巴卡巴那朝聖，即使捐
出身上僅有的財物也在所不惜，但他們仍祭拜大地之母
（Pachamama），也崇敬太陽神和造物主，生活中更保
存自己特有的祭拜儀式，民間信仰自成一格。

不管是艾馬拉人還是凱楚阿人，這些原本才是安地斯主人的印地安民族，當初改變宗教信仰或許迫於無奈和恐懼，也或許出於自願，但不論如何，他們心中那個最初的信念，也因為身上所流的血液而不曾改變。

由於教徒們的慷慨捐獻，科巴卡巴那的聖母經常穿金戴銀，因此也引來小偷的覬覦。2013年發生的一場偷竊事件登上了國家頭條新聞，聖母被人洗劫一空，身上所有貴重的金銀飾品全部被偷走。雖然信徒們最後又重新幫聖母粉墨妝點，但到底是誰敢在太歲頭上動土，至今仍沒有下文。

04

半山腰的旅館鬧中取靜，眼前的的的喀喀湖格外美麗動人。

❷ 智利
俯瞰廣闊沙漠

也許歷史上，多數人在空曠天地中感受到的迷人景致，正是我所懼怕的：那抹杳無人煙的風景讓人孤獨又極端自省，強迫你深入面對在其他地方無法尋得的自我⋯⋯但當我有機會旅行到任何心之嚮往的地方，卻選擇了智利的沙漠──我 1962 年匆匆離去的那片沙漠。──Ariel Dorfman（智利小說家）

用時間換取金錢的長途巴士行

真正踏上這個國家，才驚覺她纖瘦苗條的國土雖然獨一無二，卻是旅人挑戰的開始。這下可好，舟車勞頓、千里長征……大概都免不了。

在智利縱向旅行，最舒服的方式大概就是搭乘飛機，但如果想隨興一覽大地風光，就要有長途跋涉的心理準備，海岸城市間開車四個鐘頭的距離算是正常，如果時間充裕，沿途景色絕對值回票價。

智利5號公路由北而南串聯起各大城市，3364公里長的長度，跨越了二十五個緯度區。來到智利旅行，想省錢又想遊歷最多觀光景點，搭乘巴士絕對是最好選擇，除了水、食物得預先準備充足，由於治安上沒有太大問題，所以即使夜間行駛也很少聽到遇上搶劫的經歷。

智利旅行的過程中，最遠一趟的長途巴士車程足足花了我二十三個半小時，從阿塔卡馬‧聖‧佩德羅（San Pedro de Atacama）一路往首都聖地牙哥，路程長達1670公里，雖然不是搭車經驗中最久的一段，但讓我印象深刻，因為車子不是直達車，乘客在各個城市間上下頻繁，所以坐在旁邊的人從出發到終點，不太可能是同一人。

整路上我一直昏昏沉沉，睡了又醒，醒了又睡，也不太清楚旁邊座位上到底換過多少張陌生面孔，只記得最後一次詢問隔壁乘客：「還有多久能到達聖地牙哥？」對方清楚回答我：「還要八小時。」雖然窗外天色明亮，實際上也睡得腰酸背痛，但我還是矇著頭又繼續睡回籠覺，直到快接近聖地牙哥時，已經接近日落時分，終於醒過來，欣賞這趟千里遠行的最後一道陽光。

溫文儒雅的智利人

　　一路上遇到的智利人什麼都能聊，從自己到國家幾乎都侃侃而談，絕大多數都非常友善，也很願意幫助外來客。然而，當聊到智利文學和近代史，不管開場白還是對話尾聲，總有個問題一直被提起：「妳知道巴伯羅・聶魯達（Pablo Ñeruda）嗎？」我通常回答：「聽過，但不是很了解。」此時對方都會相當有耐心的解釋，聽起來，擁有聶魯達的智利似乎多了些不同凡響。

　　這位國寶級詩人曾經在1971年獲得諾貝爾文學獎，他不僅僅是個詩人，也是位外交官，事後我趕緊上網惡補這位被當地人屢屢提起的重要人物，如果要跟智利人當朋友，大概非得好好研究聶魯達的作品不可。

　　因為聶魯達，讓我重新認識了智利這個國家。有

人說聶魯達的一生圍繞在兩件事情上，一是對政治理念的堅持，另一個則是對愛情的嚮往。的確，他的詩歌中有著一種浪漫的寫實，一種愛恨情仇、一種超現實，這也或許和他所處的時代背景有很大的關係。因為聶魯達，我看見詩情畫意的智利人，雖然多愁善感但仍不失熱情和真誠，短暫的相遇，總讓我留下彬彬有禮的第一印象。

第 1 站 ／
走進智利大北方

祕魯的隨意，玻利維亞的簡樸，智利的溫文儒雅，在這裡渾然天成。

對我來說，大北方地區大概是一個身處智利，但不像智利的地方，當地的人事物與想像中那個帶著濃厚歐洲色彩的智利有著天壤之別，歷史上戰爭的不愉快隨著時間慢慢淡化，而精彩的自然景觀和人文古蹟，則是現在人們能共享的最珍貴資源。

在原始的北方大地長途跋涉

攤開智利國土地圖，十五個行政區直線式排列，從北到南的海岸線加起來長達 4300 多公里，相當於台灣環島四圈的距離，但東西向最寬處卻只有 355 公里，

領土平均寬度也只有177公里，如此纖細瘦長的國土外形，在世界地圖上絕無僅有。

智利「狹長國」的稱號絕對不是浪得虛名，在這個國家搭巴士旅行，一定要有「長途跋涉」的心理準備，好在社會治安穩定，不曾聽聞搶匪半路攔車的狀況，讓旅人在奔波勞累之餘，仍可放心在車上一路好眠。

智利的地理環境很多元，天然資源豐富，狹長的領土跨越好幾個不同氣候區，複雜且多變化，依照其陸地領土位置、地質狀況和氣候相似度，可以將領土概分成五個地區：首都聖地牙哥（Santiago）位於智利中部地區，同時也是國家農業物產最豐饒的地方，智利北方（Norte Grande）又分為大北方（或遠北方）和小北方（或近北方），阿塔卡馬沙漠則是覆蓋了這裡大部分的土地，加上聖地牙哥以南的兩個地區，冰川則是智利南方最美的景緻。

智利大北方的領土北與祕魯相鄰，東邊的兩個鄰國分別為玻利維亞和阿根廷，南則到達「科皮阿波河」（Río Copiapó），相當於南緯27度附近的地點。這片區域幾乎被阿塔卡馬沙漠所佔據，荒涼且孤寂，絕大多數的人口集中在太平洋沿岸，像阿里卡（Arica）、伊基給

（Iquique）和安托法加斯塔（Antofagasta），這些海岸城市同時也扮演非常重要的經濟角色。

智利大北方的生態資源非常豐富，除了海岸城市頗富盛名的美麗沙灘和衝浪天堂，勞烏卡國家公園（Parque Nacional Lauca）的高原濕地和天然美景，以及觀光綠洲小鎮阿塔卡馬・聖・佩德羅，每年都吸引數以萬計的觀光客前往。

阿塔卡馬沙漠孕育出的奇岩怪石和鹽原，加上安地斯壯觀的火山群和地熱噴泉，紛紛為這片璀璨大地錦上添花。早在這裡生活的游牧民族，一萬年前岩石上留下的雕刻畫作，至今仍讓人驚嘆，陸續出土的古人類遺址，證明這塊土地曾經有過的生命不是傳說而是歷史。

安地斯小村落——馬丘卡（Aldea de Machuca），位在海拔4000公尺以上，兩排屋舍、一間教堂和唯一街道，當地並沒有人長期居住在這，村民輪流駐守只為前來的觀光客。

位於勞烏卡國家公園的帕里納科塔火山（Volcán Parinacota），高
6348公尺。

勞烏卡國家公園的高原濕地及駱馬。

硝石戰爭：誰是真正的勝利者？

就過往歷史來看，智利大北方的土地有著一段與鄰國不愉快的記憶，看似荒蕪的阿塔卡馬沙漠，地底下卻蘊含豐富的天然資源，因此成為19世紀智利、祕魯和玻利維亞間的兵家必爭之地，彼此為了礦產開採權不惜一戰，因而引發一場為後人所知的南美太平洋戰爭（1879至1883年）。

西元1879年以前，智利北方大城阿里卡和伊基給原本屬於祕魯，安托法加斯塔則是歸於玻利維亞所有，但長期以來，為了礦物資源分配，三個國家對自家的領土範圍一直爭議不斷，尤其可以用來當作火藥原料的硝石和海鳥糞，被當時的西方國家視為重要的軍事戰略資源，在爭議土地上的價值更是如日中天，所以開採權的爭奪讓三個國家的國土問題越演越烈，最終導致南美太平洋戰爭（又稱硝石戰爭或鳥糞戰爭）爆發。

這場戰爭直到1883年才結束，智利是最後的贏家，不但為自己贏來一大片疆土，也獲得礦產開採的所有權。戰爭期間，祕魯和玻利維亞結盟，但還是不敵強勢的智利大軍，結果，祕魯和波利維亞分別讓出自己的土地，四年的浴血征戰，智利算是大獲全勝。祕魯喪失了阿塔卡馬沙漠的領土權，而玻利維亞則成為一個沒有

港口的內陸國，嚴重影響其經濟發展。

　　智利透過戰爭壟斷了當時世界的硝石，但可惜只是表面上的擁有，實際的硝石礦區背後金主卻是英國人，掌握在一位人稱「硝石大王」的英國商人約翰・諾斯（John Thomas North）手中，再加上好景不常，第一次世界大戰前合成硝酸鹽的產業，讓硝石的地位從此一落千丈。那時智利三分之二的國民收入全仰賴硝石出口，因此硝石危機也頓時讓智利的國家經濟陷入困境。

第2站 ／
初見阿塔卡馬沙漠

　　奇特地貌和乾燥地表，曾被比喻為地球上最接近火星的環境、最像月球的地方，某些地區曾有四百年沒有任何降雨的紀錄，沙漠高原處卻在近幾年迎來大雪，反常的天氣大概又是一處氣候變遷的見證。

　　走在無垠無涯的沙漠地平線，鹽湖、沙丘、巨石和雪山相伴相隨，大概只有天與地才能交織出如此美麗的瞬間。

智利5號公路上的驚鴻一瞥

初次與阿塔卡馬沙漠的邂逅就在智利和祕魯的交界處，過了智利邊界關口後，沿著海岸線往阿里卡邁進，巴士、私家車在平坦柏油路上緩緩向前，晴空萬里下的大地沒有任何死角，四周一眼望去盡是漫漫黃沙，遼闊且荒涼。

從智利最北邊界地一路南行往阿里卡、伊基克和安托法加斯塔，一直到位於小北方的拉·賽雷納（La Serena）北部，長達966公里長的太平洋海岸線全都被一層厚厚的沙子所覆蓋。

阿塔卡馬沙漠總面積約105,154平方公里，沙漠分布主要在智利境內，但影響範圍包含祕魯南部、玻利維亞西南和阿根廷西北部，許多區域年雨量只有1公釐，這片荒漠被稱為世界上最乾燥的地方，也被科學家指為地球上最能模擬火星環境的地方。

阿塔卡馬沙漠屬於沿海沙漠，雖然鄰近海洋，但位於安地斯山西側背風坡的地理環境，終年難以獲得從亞馬遜雨林而來的濕潤水氣，加上太平洋高壓長期籠罩，形成下沉乾燥的離岸風，每當祕魯涼流經過時，下層水氣只能凝結成雲或霧，雨水不易集結，因此造就了這片極為乾旱的土地。

屬於泛美公路一部分的智利5號公路，三千多公里長的道路就像智利的大動脈，連接著這個國家各大城市的交通，柏油道路劃過這一大片寂靜沙漠，也串聯起北方看似杳無人煙，但令人出乎意料生氣蓬勃的土地。

沙漠區的人口主要集中在海岸城市、礦業市鎮、小漁村和綠洲小鎮等地方，超乎想像，竟然有超過一百萬人在此地居住，尤其沿海城市氣候宜人，也成為頗受觀光客喜愛的渡假勝地。

巴士行駛在5號公路上，行經的阿塔卡馬沙漠區大部分是層層黃土堆積，偶爾出現的河谷綠洲，才有那麼點機會看到綠蔭遮蔽，多了些不同的色彩，沙漠上令人乾渴的空氣不帶任何濕氣，連呼吸都可以感受到在這片黃沙生存不易。

沿路零星臨時搭建的鐵皮木造房屋，完全不用考慮防水設備，雲霧盤旋在寸草不生的沙漠丘陵上，彷彿就在咫尺距離，寂寥的大地突然竄出禿鷹低空環繞，不免讓人懷疑是否又有生物變成這片荒漠的祭品。巴士窗外的阿塔卡馬沙漠，時而殘酷無情，時而璀璨繽紛。

5號公路北方的沙漠景象，就像一幅幅慢動作的重播畫面，大部分時間都以為巴士在原處靜止不動，行進中的車輛猶如遊走在浩瀚大海裡的船隻，只有突兀的柏

油路面和道路標示能指引方向，空調不停運轉的巴士如同會走動的溫室，將外界的總總不適全部隔離，坐在車裡的人只能被動的靜待景物變化，無聲參與大自然所給予的一切。

阿塔卡馬沙漠上的死亡谷（Valle de la Muerte）。

阿塔卡馬沙漠上的月亮谷沙丘。

5號公路行經智利北方的阿塔卡馬沙漠，只有河谷綠洲才能看到綠意盎然。路旁的十字架神龕用來紀念已逝親人，更訴說著這段公路的危機四伏。

阿塔卡馬沙漠的極端氣候

我抵達這片沙漠時正值6月，秋冬之交的季節，海風的調節讓海岸城市，阿里卡和伊基給的氣候仍溫和宜人，這裡一年四季的溫度大多維持在15至25度之間，濱海沙漠的天氣非常舒適。

直到進入海拔2400公尺高的綠洲小鎮──阿塔卡馬‧聖‧佩德羅，甚至更高的海拔，才真正感受到高山沙漠地區的嚴峻，除了極為乾燥的空氣，一天內還可

以體驗寒暑溫差的變化。

受到乾燥氣候影響的高海拔山區，出現了鹽原、鹽岩和鹽山，而溫度則因海拔高度，使得早晚溫差極大。10月到3月的春夏季節裡，白天平均溫度約20至24度，然而入夜後，氣溫卻降到接近0度，秋冬季節的4到9月間，白天平均溫度仍達到20度左右，但夜晚溫度則會劇降到0度以下，位在安地斯5000公尺以上的高山旱地則出現零下40度的紀錄。

沙漠生物的駱馬、羊駝和仙人掌

阿塔卡馬沙漠的動植物經過世代演變，為的就是能繼續在這片不毛之地裡生存，一些動植物選擇靠近沿海的海岸線生活成長，霧氣和露水起碼還能提供足夠的水分來維持生命，另一些則往安地斯高原定居，山區融化的雪水也讓大地得以滋養。駱馬、羊駝和耐旱的仙人掌都是這片荒漠最愛的居民，不過更有一大片的乾旱土地，經年累月沒有任何生物可以在那裡存活。

一些資料顯示，智利62%的國土正面臨沙漠化的窘境，而且每年以400公尺的速度向外蔓延增加，也就是說，北方的沙漠正逐漸往南擴大，朝著首都聖地牙哥方向慢慢延伸，屆時將會有更多的生物隨著土地沙漠化

消失，生活、農業和各項經濟也會受到影響。

意識到如此嚴重性，智利國家林務局（簡稱CONAF〔Corporación Nacional Forestal〕）與科學家和當地百姓合作，從2011年起，開始在阿塔卡馬沙漠和周邊進行植樹計畫，目標是一人一樹，種下相當於當時智利總人口數的樹木，約一千七百萬棵，同時也希望喚醒人們對自身環境的責任，進而更愛護能保護滋潤土地的林木。

阿塔卡馬・聖・佩德羅小鎮用水大作戰

從智利大北方一直到首都聖地牙哥的紀念品專賣店裡，最常看到的大概就是用「銅」製成的各式各樣商品，尤其在靠近主要銅礦區的綠洲小鎮阿塔卡馬・聖・佩德羅，主街上精品店內販賣的銅飾商品更是琳瑯滿目，原因別無其他，就是阿塔卡馬沙漠地底下貢獻的大量銅礦。

智利是目前全世界最大的銅礦出口國，提供全世界30%的銅礦使用，不只在世界上佔有一席之地，每年的出口量更佔了智利總出口額的五成以上，為國家帶來可觀的財務收入。

然而，採礦所製造出的廢棄物造成河川嚴重汙

染，卻讓智利人付出相當大的代價，也正因為如此，阿塔卡馬‧聖‧佩德羅小鎮的居民每每談起附近最大的露天銅礦區——丘基卡馬塔（Chuquicamata），臉上又愛又恨的神情總是溢於言表。

雖然智利人都知道銅礦的經濟價值，但帶來的負面影響不只是水源汙染，礦產提煉過程中需要的大量用水，讓沙漠地區原本就存在的民生用水問題，更是雪上加霜。

「我們外面的洗手台不提供洗滌衣物使用，水龍頭記得關緊，如果可以，請節約用水。」這是阿塔卡馬‧聖‧佩德羅民宿老闆娘唯一叮嚀我的話。

老闆娘其實很慷慨，民宿裡看得到的柴米油鹽及鍋碗瓢盆，任憑客人使用，但一年比一年貴的水費帳單，讓她實在吃不消。說到民生用水的高消費，她也不免抱怨起在這片乾旱土地上，銅礦業者的搶水行動讓當地居民越來越難生存，如果水費再這樣繼續高漲下去，老闆娘無奈表示，或許有一天她得放棄這個已經生活半世紀以上的地方，另謀他處落腳。

現在的阿塔卡馬沙漠上，除了原本的金、銀、銅礦等開採，替代能源的需求也讓「鋰」的身價不斷看漲，現代人少不了的手機和電腦，可充電電池本來就離

不開鋰的使用，隨著電動車市場的大量需求，「鋰」在不久的將來必會成為人類能源的新焦點。雖然智利政府為了生態永續試圖簽訂一些保護法案，但屆時面臨經濟發展議題，國家經濟和環境保護的拉鋸戰，又將是阿塔卡馬鹽沼上的人類和動物必須面對的難題。

02

安地斯山谷區的阿塔卡馬，豐沛的水源也讓植物更多樣。

阿塔卡馬鹽沼上的禽鳥。

第3站／
阿里卡，國境之北的平凡幸福

跨越淡定與亢奮的那瞬間，最有感的就是超越4000公
尺的那條海拔線。

享受「阿里卡式」的平靜步調

從祕魯邊境城塔克納（Tacna）一路風塵僕僕，終
於通過雙方邊哨的例行性檢查，來到智利最北端的城市
──阿里卡，還搞不清楚東西南北方向時，一位在阿里
卡公車站外頭等候客人多時的計程車司機，看見我在車
站門口不斷徘徊，便主動上前來詢問。

由於只有自己一個人，其實當下很猶豫到底要不
要上他的車，但司機說他看我在車站附近走來走去，一
定是需要幫忙，而且他又再三保證價格絕對合理，不只
可以載我到阿里卡市中心，還能介紹當地的人文風情讓
我認識。我想大白天，加上這位司機人看起來還算老
實，應該是沒有其他用意，雖然遲疑了一下，但最後還
是鑽進他的車裡。

不過說也奇怪，一到阿里卡，緊張不安的情緒就
自然放鬆下來，或許因為悠閒的街道上行人來來往往，
在這個城市不太容易感受到危機四伏的恐懼。雖然祕魯

智利 CHILE

悠閒的貓咪在生鮮魚貨攤販附近逗留。

03

塔克納的社會治安已經明顯改善許多，但城裡路人臉上
仍露出人人自危的詭譎表情，距離塔克納只有五十幾公
里的阿里卡，環境氣氛確實讓我安心不少。

　　或許有人說，單看街道表象，又用比較的方式來
突顯阿里卡的平靜，對祕魯那頭的塔克納實在不公平，
但作為一個單獨旅行的女性，用直覺來保護自己大概是
旅行中最常做的事，偶爾難免天人交戰，但對陌生人和
未知環境第一時間做出判斷，盡量讓自己遠離傷害，也
是旅行當中再自然不過的本能反應。

　　6月的阿里卡，停泊在港灣的漁船、商船稀稀落

落，蔚藍天空一望無際，陽光雖然刺眼卻很溫和，和風徐徐中夾帶著特有的海港味，原來是港邊一排簡單搭建的格格攤位上，擺著任君挑選的生鮮魚貨。新鮮海產琳瑯滿目，饕客絡繹不絕，這是一個海港城才有的福利。

規劃完善的人行步道「5 月 21 號街」

阿里卡港口周邊是這座城市最熱鬧的地方，銀行、店家、速食餐廳在繁榮的人行步道「5 月 21 號街」（Calle 21 de Mayo，5 月 21 日為智利海軍節）上林立。與 5 月 21 號街平行的另外兩條大馬路——9 月 18 號街（Av. 18 de Septiembre，9 月 18 日為智利獨立紀念日）和馬伊普街（Av. Maipú），三條主要街道形成一大片熙來攘往、車水馬龍的商店街區。

如果喜歡傳統手工藝品，在這一帶熱鬧的街上，可以找到不少具有安地斯民族特色的商品，因為歷史、地緣關係，艾馬拉族人在這裡長期定居，也學會在傳統市集裡擺攤做生意。他們在智利算是少數民族，部分人仍住在智利北部的安地斯高原區裡，但為了謀求更好的生活發展，大多數人選擇遷往北部海岸城市。

5 月 21 號街周邊街道雖然人聲鼎沸，但鮮少聽到一連串刺耳的車子喇叭聲，城內固然熱鬧，仍不失寧靜

優雅的氣氛，讓剛跨越祕魯邊境來到智利的我，還真的有點不習慣。

一百多年前曾經屬於祕魯

130公尺高的巨岩矗立在棕櫚步道的最盡頭，粗獷原始的自然元素彷彿是市區裡最美的大師設計，讓人一眼再也無法忘記阿里卡，現在的巨岩除了是著名地標外，見證過的歷史更是轟轟烈烈，雖曾歷經地震、海盜

130公尺高的阿里卡巨岩（Morro de Arica）是這個城市的地標，曾見證硝石戰爭的慘烈。

波羅葛內西上校文化會館。

和戰爭紛擾，今日和平時代的阿里卡已經沒有悲慘人禍，只剩下智利國旗飄揚在巨岩頂端。

阿里卡市內有棟建築為戰爭留下記錄。亮麗藍白外牆，加上屋頂一面隨風搖曳的祕魯國旗，這間建築物是1880年祕魯對抗智利的硝石戰爭中，波羅葛內西（Francisco Bolognesi）上校發表拒絕投降聲明的地方。

波羅葛內西上校曾壯志未酬地說：「儘管用盡最後一顆子彈，都有神聖使命必須守護自己的國家。」雖然最後仍為國捐軀，但他抵死不從的崇高精神讓智利和祕魯兩國人民一同懷念。1934到1987年間，這裡曾擔負起祕魯總領事館的使命，祕魯政府分別在1995年和2009年下令重新翻修，從1996年起至今，這棟典雅建

築便保留下來，作為紀念波羅葛內西上校的文化會館。

　　阿里卡曾經是祕魯國土的一部分，更有不少原是祕魯的子民生活於此，只是聊起一百多年前的陳年往事，問起是否還想再當一回祕魯人，大部分的人選擇笑而不答，少數人面有難色，其他人則是雲淡風輕，滿意自己當下的生活。

　　不管當初智利政府用什麼手段得到阿里卡，傳統市集裡、大街小巷內的現實百態人生，只要能讓百姓安居樂業、日子過得實實在在，要當哪國人，對深根在阿里卡的居民，已經習慣了在地生活，其他的就不再多想。

　　作為現代智利北方大門的阿里卡，這個地方曾經是南美古文明——蒂瓦納庫王國和印加帝國的領土，同

1 ｜ 2

1. 12到15世紀間，智利北部曾為印加人的土地。
2. 18世紀中葉前，阿里卡飽受海盜的騷擾。

時也是西班牙殖民時期數一數二的海港，尤其是作為西班牙宗主國銀礦輸出的主要港口，讓富有、繁榮一時的阿里卡市，也引來海盜的覬覦。

城裡現在當然不再有海盜的蹤跡，只剩下幾面不起眼的壁畫和墳場還記憶著這段往事，見證阿里卡曾有的絕代風華。然而，如今的她早已褪下美麗華服，如同歷經滄桑、洗盡鉛華的中年婦女，用另一種寧靜沉穩的方式迎接因她而來的度假旅客。

從最古老的沙漠木乃伊，到衝浪的海岸線

國境之北的阿里卡，距離首都聖地牙哥2070公里遠，人類行跡可以追溯至八、九千年前的採集、漁獵部落；另外，附近阿薩巴河谷（Valle de Azapa）孕育出的沙漠人類木乃伊──「琴丘羅人」（Chinchorro）木乃伊，據說是目前世界上最古老的人工木乃伊，比埃及出土木乃伊甚至早了兩千年的歷史。雖因時間限制，沒能親眼見上一面，但因為沙漠木乃伊，對於這個區域極度乾燥的氣候有了初步的認識。

阿里卡周圍雖早有人類蹤跡，但這個城市其實由西班牙人建成，最初目的僅是為了方便波多西（Potosí，現位於玻利維亞南部）挖掘出的銀礦出口。

雖是如此，這座海港城的存在並不是偶然，氣候宜人、西濱太平洋的阿里卡嗅不到沙漠地區的嚴峻，從邊境一路經過而起的塵土飛揚，反倒像是過往雲煙。

阿里卡港邊用柵欄圍起的一整排鐵道，大招牌上仍標示通往祕魯塔克納60公里長的鐵軌距離，1879年硝石戰爭爆發前，這條鐵路幹線曾是祕魯國內線，現在則一分為二，分別屬於兩個國家的終點站。

阿里卡一年四季氣候溫和、降雨量不多的天然環境，以及適合衝浪的美麗海岸線，加上附近阿薩巴河谷（Valle de Azapa）的觀光考古遺址、尤塔河谷（Valle de Lluta）的綠洲平原和東邊安地斯山區美麗的勞烏卡國家公園，現在的邊境城「阿里卡」今非昔比，早已成為智利大北方著名的觀光渡假勝地。

地震記憶拉近了我們之間的距離

走在阿里卡的市區，最常看見的立牌莫過於海嘯警示標誌，白綠色的圖像引導人們在地震發生時往立牌後的高處避難，這讓來自同處地震帶上台灣的我，總會不經意多瞧幾眼。或許已經慢慢淡忘921地震帶來的傷痛和不安，但幾年前鄰國日本的海嘯畫面仍怵目驚心，只能說何其幸運，從未有過切身之痛，阿里卡街上隨處

03

可見的海嘯避難記號，再度喚起我對地震的記憶。

市中心的樓房平均都不高，泥磚屋、木板夾層屋和現代化水泥建築交織穿插，幾棟拔地而起的高聳大樓反倒讓人感到意外，畢竟地震頻繁的阿里卡，加上鄰近地區這些年都曾發生過芮氏規模6級以上，甚至8級的強震，是因為高標準的防震結構讓阿里卡市民不至於太過緊張嗎？

距離阿里卡南方約四小時車程的伊基給，近年的幾場大地震造成智利人心惶惶，美麗大海因為大自然的撼動而隨時反撲人類，當大自然不再與人類和平共處時，防範未然大概是我們唯一可以做的事，但再堅固的結構都只能請「地牛」手下留情。

隨意穿梭在阿里卡的街頭巷尾，沒有地圖的指示，沒有目標的前進，讓漫走多了幾分悠閒也多了些驚喜。一旦看到海嘯警示立牌出現在街口，我便知道朝著它面對的方向走去，便會抵達大海，照著它指示的軌跡行進，就會離市中心的人群越來越遠。

最深刻記憶1868年的那場毀滅性大地震，非「聖‧馬可教堂」（Catedral de San Marcos de Arica）莫屬，這座曾承載阿里卡地震傷痛的教堂，由法國巴黎鐵塔的建築師古斯塔夫‧艾菲爾（Gustave Eiffel）設

阿里卡的聖 · 馬可教堂,哥德式建築,整座教堂用鐵鑄造建成,19世紀由法國巴黎鐵塔的同個建築師,古斯塔夫 · 艾菲爾設計而成。

03

1 | 2

1. 阿里卡市立表演廳。

2. 市中心每幾個街區就可以看得到白綠兩色的海嘯警示標誌。

計，地震發生當時，臨時從其他城市運送過來，在那個因地震而百廢待興的年代裡，她提供阿里卡人最溫暖堅定的心靈慰藉。

欣賞過「聖·馬可教堂」的風采，走過熱鬧的商店街區，最後獨自逗留在市中心廣場，空蕩的廣場只有幾位散步民眾，有別於智利其他城市的主廣場，城內最重要的銀行、店家、辦公大樓圍繞著廣場周邊設置，阿里卡的市中心廣場就像一般公園，少了點商業氣息，多了些淡泊恬靜。

廣場上海風緩緩吹拂，頓時心曠神怡，但可惜的是，一整排沿著海濱搭建的建築擋住了大海視線，讓人總是只聞其聲，不見其影。風和日麗的一個下午，海面風平浪靜，海浪的聲響得自己想像，連她的廣闊和美麗也只能在心裡喝采。

在這個地震頻繁的國家，整條智利海岸線幾乎都面臨這種潛在的海嘯威脅，不只阿里卡，每座海岸城市都有像這樣的海嘯警示立牌，或許一套完備的海嘯預警系統，再加上嚴謹的法規和防災措施，都能大幅減少因地震所帶來的傷害。智利人從每次的災難悲劇中學習經驗，雖然再多防範於未然，有時還是不敵一次毀面性的破壞，然而也是這些和日本同等級的防震規範，讓智利

人至少能坦然面對大自然無所不在的災害。

一日走遍智利東西部，從尤塔河谷開始

衝著「狹長國」稱號的美譽，心裡盤算著：一天來回智利東、西部應該不是太難的事，反正有專屬小巴士和導遊帶路，這趟路程走來應該也不會太過辛苦，加上行程簡介的美麗圖片和沿途風光，以及高山地形不曾讓我有過不舒服的經驗，於是不假思索地，馬上完成報名。

因為滿心期待，明知道阿里卡東邊的安地斯山區就是鼎鼎有名的阿爾蒂普拉諾高原（Altiplano，西班牙文原意為「高原」，平均高度3800公尺），雖然十二小時內得上下4000多公尺，仍完全不把高山症放在心裡，覺得先走了再說。

一大清早，觀光小巴士準時到每間旅社接人，同行的團員都是當地智利人，大家有說有笑，看起來都很和善，讓準備開始的行程多了些輕鬆自在的氣氛，沒多久正式進入尤塔河谷（Valle de Lluta），一日遊旅程就此展開。

行走在沙漠公路上，大夥在司機兼導遊的指引下，往尤塔河谷的山丘上遠眺，大幅山丘石畫出現眼

前，這些尺寸長達30至50公尺的巨大擬真圖像，有駱馬、有老鷹、有青蛙和人像等等，只知道出自於當地阿里卡文明，不過卻沒有確切的資料可以證實「到底誰才是這些圖像的原創作者」。車內團員非常踴躍，不斷提出問題，唯一確定的是，只有這片幾乎沒有降雨的阿塔卡馬沙漠，經過幾個世紀之後，還能完整保留這些巨型圖畫。

　　小巴士並沒有多作停留，而是沿著尤塔河谷繼續朝下個景點前進，沒有多久，便來到一間可以追溯至1605年的西班牙殖民教堂──聖・赫羅尼莫教堂（Iglesia de San Jerónimo），大夥終於可以下車走走，迫不及待進到教堂裡去瞧瞧。教堂內部沒有華麗的裝潢，兩列木製長椅面向講道台擺放，泥磚砌成的教堂主體加上白色牆面及木造天花板，雖然古樸但也不失現代感。這間教堂在19世紀時重新修建，屋頂兩座用木頭搭建的鐘樓，也是那時才加上去，最後一次的整修和粉刷則是在這個世紀初。

　　教堂後方的墓園修建於1580年，裡頭埋葬的大都是被遺忘的無名氏，據說是當時被強迫帶往這片土地的黑奴，我與幾位團員走進墓園，看著凌亂排列的十字架豎立在這片廣闊的沙漠上，有點淒涼，又有些傷感。少數留有名字的新墓碑起碼還能讓後人悼念，但大部分的

無名印記根本不知道它的主人是誰，看著這些木頭十字架，荒涼之景讓人感嘆，大家不發一語，默默用各自的方式來追憶和祝禱，願無名逝者能在新的家園好好安息，不再居無定所。

聖 · 赫羅尼莫教堂。

位於聖 · 赫羅尼莫教堂後方的墓園。

尤塔河谷的巨大山丘石畫（Geoglifos de Lluta），距離阿里卡市只有13公里的路程，可以回溯至西元1100至1400年間的當地文明。

離開沙漠仙人掌，進入2500公尺高的安地斯山麓丘陵

　　窗外的尤塔河谷風光讓大夥消磨不少時間，小巴士走在可以通往玻利維亞的11號公路上，緩緩往目的地「勞烏卡國家公園」接近，而我們所在的高度也逐漸增加，直到公路山坡上出現一株株當地的「分枝燭台仙人掌」，這時大家才又有機會下車透透氣，順便近距離看看這些超過兩公尺高的植物。

　　每株仙人掌都長得奇形怪狀，與其說像分枝燭台，其實它們更像有造型的「鹿角」，團員此時仍談笑風生，但我們已經悄悄來到海拔2550公尺的高度。

之後陸續經過位於海拔3270公尺的瞭望平台，俯瞰一座已經有一千年歷史的安地斯部落「科帕奇雅堡壘」（Pukará de Copaquilla），此時，從這裡開始正式離開沙漠，進入安地斯山麓丘陵。

這個安地斯村莊部落最有名的就是防禦式建築，隨著蒂瓦納庫文明結束，民族間陷入紛亂，為了保護和鞏固自己的家園，要塞型房舍順勢而起。印加人崛起前早已存在的要塞堡壘，雖然最後被納入印加帝國的版圖，但人民仍維持自己的生活方式，直到遇上將土地當作賺錢工具的西班牙征服者，以農牧維生的艾馬拉人，面臨許多土地被佔領的命運，他們還被迫為西班牙人的農莊工作賣命。

03

殖民統治的結果不但讓艾馬拉人喪失自己的耕作地，也讓許多艾馬拉族部落消失。現在住在智利北方，尤其是定居在安地斯山區的艾馬拉人，仍希望智利政府能歸還土地，但歷史決定命運，加上這塊區域又盛產金、銀、銅礦，智利政府哪能輕易放手，現在一時半刻也還沒有一個讓大家滿意的解套方式。

上車後繼續往前走不到二十分鐘的路程，終於來到用早餐的地方，走走停停中，距離我們從阿里卡出發才過了三小時，卻已經踏上3000多公尺的高度，導遊

趁著用餐時刻，大概講解接下來的行程，之後的一個多小時會直接上升到4000公尺高的海拔，而今日到訪的最高點則會落在4600公尺左右。

　　導遊講解著，之後沿途除了欣賞高原濕地，以及駱馬、羊駝等招牌美景，遠眺海拔超過6000公尺、有著完美錐形的帕里納科塔火山（Volcán Parinacota），也將是一大賣點。大家在興奮之餘，懷著忐忑不安的心，迎接即將到來的高海拔挑戰，但大家明白，也只有如此的地方，才有機會看到大自然最原始的壯麗，所以都是既期待又怕受傷害。

衝往勞烏卡國家公園，賭上高山症都值得

──────── ⌗ ────────

位置
智利北部與玻利維亞接壤之處，離阿里卡約100公里。

特點
・圓錐形火山與美麗的高原湖泊。
・南美洲特產野生駱馬。

──────── ⌗ ────────

　　進入勞烏卡國家公園前，路上經過一座專門飼養駱馬和羊駝的營舍，這裡的動物體型不只龐大而且毛茸

飼養在高地裡的羊駝。

03

茸，喜歡吃的東西更是包羅萬象，最愛的零食大概就是
團員們特別準備的餅乾和洋芋片，一行人忍不住調侃這
群動物，偶爾過過癮或許還可以，但人類的加工食品對
牠們而言，肯定不健康。

　　雖然大家還有說有笑，搶著和駱馬、羊駝拍照，
沉浸在歡樂的氣氛中，然而其中幾位智利太太卻表示呼
吸有些困難，頭也開始脹痛不舒服。

　　接著而來的高海拔，高於海平面4300公尺的科塔
科塔尼湖泊（Lagunas de Cotacotani）位在一大片火
山熔岩上，雖然美麗特殊，但幾位團員的臉色早已慘
白，勉強擠出笑容拍照留念，不過已經無心欣賞美景，

也無法言語，直到海拔4500公尺的瓊加拉湖（Lago Chungará），一位團員嚴重到癱軟坐在車內，連下車的力氣都沒有。

此時，導遊從容不迫，從車內掏出一罐氧氣瓶，他大概對於團員們的高山反應狀況司空見慣，也隨時做好準備了吧！而我當下只覺得心跳加快，但眼前有「智利富士山」之稱的帕里納科塔火山，光景色就美得「讓人無法喘息」，加上身處這種高海拔，不想「太興奮」大概也很困難。

心裡正沾沾自喜從高山症中全身而退，卻在下降到3500公尺的午餐地點開始感到全身無力，原本以為是餓過頭才身體不適，卻沒想到在飽餐一頓後更加難受，剛下肚的食物迫不急待在洗手間裡全部吐出，頭痛欲裂馬上接踵而來，好不容易等到午餐結束，大家都上了車，趕緊吞了顆止痛藥，就在半夢半醒間頭痛症狀才逐漸緩和。

昏睡過去也不知道多久時間，終於又回到阿里卡市中心，伴隨窗外的漆黑，結束一天超過十二個小時的勞烏卡國家公園之旅，這次的高山症初體驗與安地斯的高山美景，同樣令我永生難忘。

海拔3270公尺高的瞭望台，俯瞰一座有一千年歷史的艾馬拉族要
塞，團員們在瞭望台上拍照談天，從這裡開始進入安地斯山麓。

03

高原濕地和瓊加拉湖形成仙境般美景。

1 | 2

1. 智利的垃圾分類在高山上也做得非常徹底。

2. 長得像分枝燭台的仙人掌，分布在海拔約 2500 至 2800 公尺高的山坡上。

面積有 22 平方公里的瓊加拉湖，高於海平面 4500 公尺，而後方積著厚厚一層雪的錐形火山則是帕里納科塔火山，高度超過 6000 公尺。

高於海平面4300公尺的科塔科塔尼湖泊。

03

艾馬拉族婦人在海拔4500公尺的觀光景點擺攤，艾馬拉人也以擅長手工藝品著稱。

第 4 站 ╱

溫暖的海港城市，伊基給

巴士劃過沙丘，塵土揚起，陰霾天氣更加灰濛了，昏沉沉的天空突然出現城市輪廓和蜿蜒海岸線，霧裡看花讓人更想一瞧究竟，岸邊激起白色浪花，這個城市因此變成了「灰白世界」，此時更能明白聶魯達的疑問。巴士上的百無聊賴，不著邊際的天馬行空，頓時讓城市的灰與白有了更多色彩。

當我再次看到海	Cuando veo de nuevo el mar
海究竟會不會看到我？	El mar me ha visto o no me ha visto?
為什麼海浪問我的問題	Por qué me preguntan las olas
和我問它們的問題一模一樣？	Lo mismo que yo les pregunto?
它們為什麼如此虛耗熱情	Y por qué golpean la roca
撞擊岩塊？	Con tanto entusiasmo perdido?
對沙子反覆誦讀宣言	No se cansan de repetir
它們難道從不覺厭煩？	Su declaración a la arena?

——出自《疑問集》第四十九首，作者：聶魯達（桂冠）

艾馬拉人昏昏欲睡的地方，一切慢慢來的臨海城市

第一次聽到這個城市，奇怪的字母排列讓我一時也唸不出它的名稱，「——唧—給」（I-qui-que）？即

伊基給，令人窒息的空氣並沒有讓我留下初次好印象。一棟棟大樓沿著海灣興建，夏天的沙灘總是擠滿一堆度假的遊客。

使用字正腔圓的西班牙文來發音，還是覺得這個拼音聽起來不像地名，反倒像是某種昆蟲的叫聲，湊巧的零星單字組合而已，帶著疑問來到這個城市，才知道這個名字原來出自艾馬拉語（印地安原住民語言），意思是「寧靜休息的地方」，而且19世紀才得此名。

原來，艾馬拉人大部分都居住在3000公尺以上的安地斯高地，當他們從自己的村落往下走到海灣一帶時，海拔高度的劇烈變化，讓他們總是感到特別疲倦，就像平地人造訪高山地區的狀況一樣，所以「伊基給」也變成艾馬拉人適應平地高度，昏昏欲睡進入夢鄉的地方。

然而，「閑靜休息處」大概只是艾馬拉人的期望，記錄伊基給過往歷史的書籍中，或多或少都會提到這個城市的不平靜，尤其是1877年的一場大地震，整座城鎮遭受嚴重損壞，而這個世紀，發生在2014年芮氏規模8.2級的強烈地震，則一度引來恐慌，不只再度喚起伊基給人的過往記憶，也讓環太平洋地震帶的國家越來越緊張。

　　這場地震後續引來兩公尺高的海嘯，但幸好沒有再造成更多的損失和人員傷亡，或許是伊基給人早已未雨綢繆，又或者是老天爺保佑，只能說在這麼巨大的搖晃中逃過一劫，算是不幸中的大幸；不過，天災的防不勝防，讓人更珍惜伊基給的短暫寧靜。

　　撇開讓人聞風喪膽的地震和海嘯，「伊基給」名符其實就是個能讓人身心都得到滿足的臨海城市，她的繁華指數和海灣旁棟棟的高樓大廈、別墅成正比，高檔餐廳和飯店沿著數公里長的沙灘而興建，美麗的白色沙灘，舒服的陽光加上慵懶的氣氛，到這裡就是得加入這種「慢慢來」的步調，匆忙的腳步反而讓自己在這個環境裡變得特立獨行。

　　當地人說伊基給是智利人的「邁阿密」，其實倒也貼切，這個城市絕對是觀光客享受美食和日光浴的渡假

勝地。白天，城內唯一讓大家飛快走來逛去的地方，大概只有 ZOFRI（Zona Franca de Iquique）免稅購物中心，設立於1975年的 ZOFRI 是智利兩個自由貿易區的其中一個，上百家店面走馬看花，也得耗掉不少時間和體力，除此之外，伊基給的悠閒讓人怡然自得。

從1835年達爾文（Charles Darwin）初次造訪後，這個在當時只有一千多人的小漁港，如今成為一座二十多萬人口居住的海港商業大城，伊基給的繁榮和她先天的地理位置有著密不可分的關係，不過社會繁榮也衍生不少治安問題，尤其是夜晚的街道上，看似平靜其實暗藏危機，結伴而行才能保護自身安全。

04

已經是冬季的伊基給仍看得見衝浪客，蔚藍天空中隱約出現的一大片沙丘，圍繞著整個伊基給城。

曾經的悲劇：不能遺忘的硝石礦工血淚史

智利從硝石戰爭（1879至1883年）中勝出，除了贏來更多的疆土，這一大片土地上盛產的硝石，不但吸引國內外各地的工人蜂擁而至，也順勢造就了智利幾座商業大城的經濟發展。工廠林立在這些城市裡，專門以生產衣服、食物和相關生活用品為主，當時光是硝石出口收入，就佔去智利財政收入一半以上，國家經濟因硝石的開採而朝氣蓬勃。

然而，這些為國家帶來可觀利益的硝石礦工，他們的薪資卻和工作環境的危險程度不成正比，而過低的薪水終於讓礦工們忍無可忍。他們在20世紀初開始組成工會，向雇主爭取更好的薪資待遇和工作條件，工會成員也不時以罷工表達抗議，最終在1907年於伊基給城的集結罷工中釀成悲劇，政府當局竟派出軍隊鎮壓民眾，開槍射殺罷工的工會成員和其家屬，造成兩千人以上的傷亡。

這起因罷工而引起的軍隊攻擊事件，當時在智利史無前例。為了追悼這些無辜遭槍殺的礦工及其家人，一些人的遺體重新被安葬在伊基給的公墓裡，供後人弔念這段不堪的歷史。

異鄉巧遇同鄉人，非典型旅人採購民生必需品

　　來到伊基給的第二天，萬里無雲的天空和溫暖的空氣，終於讓我相信這裡是個渡假勝地，有別於剛到時的灰濛和陰霾，太陽的露臉讓整座城市又重新活絡起來，行人、遊客、攤販、衝浪客和自行車隊不時出現在街頭巷尾，岸邊的鸕鶿、海鳥也隨著魚販和人潮的聚集，一窩蜂擠到岸邊的礁石，眼巴巴望向攤位上的新鮮海產。

　　不過，這次我並沒有在最愛的傳統市集裡逗留，因為港口遠方出現的「EVERGREEN」更吸引我的目光，原來伊基給也是長榮海運的休息港口之一。

　　好奇心驅使我朝碼頭的更深處走去，迎面而來的

出現在伊基給港口的長榮海運貨櫃船。

幾個東方臉孔讓我打定主意認識一番，沒多久令人懷念的鄉音在耳邊響起，我迫不及待上前攀談，他們也好奇地對我上下打量，眼神中藏著一抹無法置信的驚訝，似乎有滿腹的疑問和不解——為何我獨自一人在這異地流浪？也關心起一個人該如何打理這一路生活，嘻笑間彼此話匣子打開，我也索性當起「地陪」，帶著大夥往歷史古城區逛去，但其實我只比他們早到這個地方不到二十四小時。

古城區裡到處走走看看花不了太多時間，尤其是街上的紀念品小店和高檔餐廳根本吸引不了我們的興趣。東逛西晃走馬看花之餘，一夥人反倒開始找起當地

1 | 2

1. 海岸邊的鵜鶘。
2. 巴給達諾行人步道（Paseo Baquedano）的街頭塗鴉。

的量販超市，不過這也是事實，大家都是「非典型觀光客」，採購民生必需品的確比紀念品來得實用許多。

終於在古城區不遠的轉角處找到一間大超市，頓時每個人精神都來了，一進到超市裡，水果、零食、飲料、泡麵，迫不及待興起一陣搶購，直到人手滿滿幾袋，才心甘情願走出店家。伊基給對我們這群過客而言，既不是度假勝地，也不是免稅品的購物天堂，反倒更像一個中途補給站。

雖然短短幾小時的相遇，最終還是得分道揚鑣，之後連對方的長相和名字都只剩下模糊的記憶，但異地那種不期而遇自家人的小插曲，「人不親土親」的親切感，當下的驚喜和溫暖雖然短暫得如流星般，一閃即逝，卻永遠印記在這個遙遠的智利城市——伊基給。

04

伊基給港口。

伊基給歷史古城區

伊基給的古城區並不大,主要的歷史建築集中在普拉特廣場(Plaza Arturo Prat)和巴給達諾行人步道(Paseo Baquedano),大部分都是19世紀末、20世紀初的建築。

1. 市中心廣場

也稱普拉特廣場(Plaza Arturo Prat),為紀念西元1879年硝石戰爭中為國捐軀的海軍軍官——普拉特,他時任驅逐艦「埃斯梅拉達號」的指揮官。

2. 普拉特廣場鐘塔

1877年從當時的英格蘭運送過來,多年來已經是伊基給著名的地標。

3. 市立歌劇院(Teatro Municipal)

建於1889年,新古典風格建築。

4. 西班牙會所（Casino Español）

位在普拉特廣場旁，
1904年完工，當初由
西班牙居民共同建造，
白底藍條紋的摩爾式建
築風格在智利也算是獨
一無二，一樓當作餐廳
使用。

5. 普拉特廣場旁的復古木造雙層軌道車

讓人不經聯想到舊金山的叮噹車，車子緩緩走在
巴給達諾行人步道，讓乘客一探伊基給的復古風
情。

6. 巴給達諾行人步道

伊基給最美麗的行人徒
步道，曾帶領這座城鎮
走過最美麗的黃金歲
月，兩旁兩層樓高的木
造樓房、木欄陽台及屋
頂欄杆圍繞出的露臺，

讓這個處在海岸沙漠氣候的城市多了些遮蔭避陽
的地方。這些樓房多半興建於19世紀、20世紀，
走在這條街道上，讓人特別有種置身於不同時空
背景的錯覺，如果現在鋪在巴給達諾行人步道的
不是堅硬的鵝卵石磚，而是塵土飛揚的細沙，這
時的場景就有那麼點美國西部牛仔小鎮的味道。

第5站 ╱
沙漠之星阿塔卡馬・聖・佩德羅

如果沒有阿塔卡馬・聖・佩德羅的點綴，阿塔卡馬沙漠的美只能是地圖上精心雕琢的空白，獨留孤芳自賞。

西部牛仔電影裡的泥磚小鎮

位置
智利北部，鄰近玻利維亞西南邊境。

特點
・安地斯山高地和地熱噴泉。
・史前人類村莊和岩畫。
・巧奪天工的死亡谷與月亮谷。

位於沙漠和安地斯高原間的阿塔卡馬・聖・佩德羅，是座迷你綠洲小鎮，逛一圈不用花上一小時，泥磚矮房配上茅草和木頭搭建的屋頂，這裡的建築不太需要考慮降雨問題，沒有柏油的泥土路和石磚路是對這片沙漠的敬重，太多的現代化設施反而是對大自然的輕蔑，也適得其反。

有人說，走在阿塔卡馬・聖・佩德羅的街上，有

小鎮的主街「卡拉科雷斯街」（Calle Caracoles）。

一種回到美國西部牛仔時代的感覺，或許是因為騎馬比開車更適合出現在這個小鎮上吧。不過，我印象中電影裡出現的那個西部牛仔場景，應該是木造房舍居多，況且在這缺水的大地上畜養牛隻，也實在太奢侈，只有駱馬和羊駝才屬於這塊土地。

　　阿塔卡馬‧聖‧佩德羅小鎮的主要街道呈棋盤式排列，筆直方正的街道，也不至於讓人迷路，每間幾乎等高的泥磚矮房排列出一堵堵巨牆，走在街上就像置身於泥磚堆砌而成的大型迷宮屋中，但還好走來逛去總會回到原點。或許是泥土屋加上泥土路這種原始不造作的自然風味，沒有壓力的小鎮，總讓旅人輕鬆發揮想像力。

偵測紫外線的警示燈，最嚴重等級為紫色燈，此時就要避免外出，以防太陽曝曬。當天為黃燈，建議的白人曝曬時間最多為八十分鐘，其他人種最多也不能超過二小時。

完美無瑕的湛藍天空讓我忍不住望向它，即使帶了墨鏡，烈陽的毒辣還是讓人不敢將視線停留在空中太久，不算寬的街道讓行人得以躲在矮房的陰影下透透氣，但又不妨礙烈日的耀武揚威，畢竟這裡是它的地盤。

喝古柯茶抵擋沙漠的稀薄空氣，在小鎮裡慵懶過日子

阿塔卡馬·聖·佩德羅的海拔說高不高，說低不低，2400公尺高的空氣仍比平地稀薄許多，當地人會好心地送上古柯茶，這是安地斯山一帶最省錢也最有效的一帖良藥，帶點青草味的茶飲讓人舒緩痠痛和減輕高山症狀，然而，初來乍到，還是得放慢自己的腳步，讓

自己的心臟花點時間適應這樣的高度。

　　乾燥的空氣讓我的鼻水總帶著血絲，連喉嚨都能感受到血的氣味，而嘴唇則是隨著停留天數拉長，也跟著越乾越裂，連微笑都隱隱作痛，強烈的紫外線在這用肉眼似乎可以看穿，沒有遮蔽物的地平線讓人無所遁形，原來這就是阿塔卡馬沙漠的淬鍊。

　　光禿禿的大地雖然艷陽高照，但高海拔讓溫度不至於失控，有時候甚至有些涼意，夜晚沒了陽光的阿塔卡馬・聖・佩德羅瞬間降溫，攝氏10度以下的溫度是該把自己的厚外套給穿上，帽子給戴上。雖然環境條件嚴峻，但這裡如同漫漫黃沙中的避風港，讓我第一次了解什麼是沙漠裡的綠洲小鎮。

旱地植物利卡利卡（Rica Rica）為當地的一種特殊香料，從食物料理到飲品，都少不了這一味。

長期在這個小鎮生活的動物也變得慵懶，緩慢的步伐，無拘無束的環境，看慣觀光客的牠們不怕陌生人潮，咖啡廳主人飼養的貓對著客人撒嬌，而路上的看門狗則遠遠看向過路客，偶然的吠叫也只是虛張聲勢，或坐或趴毫不遮掩懶散的身軀。

　　「卡拉科雷斯街」主街道旁的店家不外乎是旅館、餐廳、紀念品店和旅行社，每間不起眼的門面卻都別有洞天，有些偌大的庭院提供客人吃飯、住宿和乘涼，躲進泥磚屋的小世界裡，讓人暫時忘卻這片乾旱土地生活的艱辛。

　　小鎮裡最熱鬧的時間，大概就是旅人從各自行程回來的傍晚，除了火山、溫泉、鹽沼、鹽湖、地熱噴泉

1 | 2

1. 咖啡廳裡的貓咪。
2. 慵懶的看家犬。

店裡除了百香果、鳳梨、香蕉等
熱帶水果冰淇淋外，還有很多特
殊風味，這裡才吃得到的口味，
像仙人掌果實（tuna）和古柯葉
（hoja de coca）。

和奇岩異石外，如果你以為這樣一天行程就結束了，那
就太小看這個「阿塔卡馬大觀園」，晚上觀看滿天星斗
的行程也讓很多人趨之若鶩，畢竟阿塔卡馬沙漠可是世
界上擁有數一數二潔淨天空的地方。

　　除了目不暇給的大地風光讓人期待，擁有人情
味的友善氣氛更是為這個地方錦上添花，雖然阿塔卡
馬・聖・佩德羅本身就是個觀光小鎮，但嗅不到勢利
的氛圍。紀念品店老闆不會因為你不捧場而面目猙獰，
至少還是耐心地有問必答；街上的居民仍然好奇詢問你
打哪來，尤其觀光客已經充斥街頭；路邊攤販不會看到
你是外來臉孔，硬是把價格抬高好幾倍，讓每次的採買
都變成一場價格爭奪戰。

阿塔卡馬·聖·佩德羅小鎮是遊客探索高原沙漠的綠洲天堂，走進「阿塔卡馬大觀園」的入門口，雖然小鎮上的外來遊客大半時間比當地人多，也早已失去原本該屬於這裡的生活方式和寧靜，但如果你問我與這個綠洲小鎮短暫相處後的感覺是什麼，我依然會說：

　　「第一眼愛上它簡單的細膩，接著愛上它隨和的步調，之後忘情於它天地山水間的遼闊。」

主廣場往「里坎卡布火山」看去，高 5916 公尺的火山，是智利和玻利維亞的界山。從阿塔卡馬·聖·佩德羅小鎮任何一個角落往東邊看都可以看到她。

阿塔卡馬‧聖‧佩德羅四周景點

　　這塊區域之所以乾燥，主要是安地斯山阻隔了亞馬遜雨林的濕潤水氣，加上太平洋高壓長期籠罩，因此每當祕魯涼流經過時，下層水氣不易集結成雨水，只會在海岸邊一帶凝結成雲或霧，所以乾燥氣候搭配上谷地和安地斯山脈，也造就這裡豐富且多變化的地貌。

　　阿塔卡馬‧聖‧佩德羅四周景點的海拔，全介於2400公尺到6000公尺（火山峰頂）之間，主要分作三種不同地形。綠洲小鎮大都分布在2400公尺高的海拔上，與阿塔卡馬鹽原分布的海拔高度差不多。

1. 安地斯高原區

　　主要分布於海拔3600至4200公尺間。這個區域的植物非常耐旱，植物以草、地衣、蘚苔類和矮小灌木等為主；動物除了原駝、小羊駝外，就屬齧齒類動物的天下，例如野兔和鼠類。

海拔4200公尺的耐旱矮小灌木群。

原駝（Guanaco）。 小羊駝（Vicuña）。

2. 安地斯坡地及山谷區

位於海拔 2400 至 3600 公尺，比起高原地，這區有更豐沛的水源，山谷區不乏小型葉片類的綠色植物和黃色花卉，以及圓形仙人掌和平均超過 3 公尺高的巨型仙人掌等，還有藻類和青苔也能在河谷內看見。這區的動物種類更多元，原駝、齧齒類動物、小型蜥蜴、禽鳥和山狐都生活在這一帶。

「格蘭德河」（Río Grande）流經的山谷可以看到綠色、黃色植物。

1 | 2

1. 安地斯山谷內超過四公尺高的巨型仙人掌（Cardón）。

2. 砂礫上的圓形仙人掌，當地人戲稱它為「婆婆的坐墊」。

3. 鹽原或鹽沼區

　　位於海拔2400公尺上下，面積為3200平方公里，阿塔卡馬鹽原是智利第一大鹽原。這裡的鹽沼地和鹹水湖是紅鸛的主要棲息地，也是智利國家級的紅鸛保護區，這些紅鸛以水中的浮游生物，以及一種能生活在鹹水中的鹽水蝦和藻類維生。

　　阿塔卡馬鹽原的形成，主要是來自安地斯山的雨水流經地表和地底，經年累月往封閉、沒有出河口的低窪地和內陸盆地流入，在這過程中，水溶解大量的氯化鈉，鹽分透過地下徑流不斷地向這些地方堆積，由於乾燥氣候讓水分蒸發快速，其中96%的水在到達地表時已經被蒸發掉，剩下的4%變成鹹水，形成鹽沼區和鹹

水湖，例如阿塔卡馬鹽原上的Chaxa鹹水湖。

　　如果蒸發速度再更快，加上滲透性極低的岩膏泥土土地，大量的鹽分和礦物質被留在地表，經過數萬年的時間累積，便成了現在壯觀的阿塔卡馬鹽原。

阿塔卡馬的鹽沼和 Chaxa 鹹水湖。

1. 安地斯反嘴鷸。

2. 祕魯紅鸛（也稱詹姆斯紅鸛）。

1　2

南半球第一大的埃爾 · 塔迪歐地熱噴泉

「埃爾 · 塔迪歐」（El Tatio）在當地語言「坤薩語」（Kunza）中是「哭泣的爺爺」的意思。在埃爾 · 塔迪歐地熱噴泉區東南方約10公里處，有一座火山就叫作「埃爾 · 塔迪歐」，相傳這座「哭泣的爺爺」火山不只保護當地阿塔卡馬人，而且賦予這裡力量，讓埃爾 · 塔迪歐地熱噴泉不斷冒出蒸氣。

位在海拔4320公尺的埃爾 · 塔迪歐擁有至少一百個間歇噴泉，八十個以上仍處活躍狀態，還有超過五百處的溫泉和湧泉，零散分布在30平方公里的面積上。主要的間歇噴泉區涵蓋約10平方公里的土地，其餘小型間歇噴泉則分布在主區東南方，超過海拔4600公尺高的地方。

埃爾 · 塔迪歐地熱噴泉是南半球第一大、地球上第三大的地熱噴泉區，僅次於美國的黃石公園和俄羅斯堪察加半島的間歇泉谷。埃爾 · 塔迪歐的間歇噴泉噴發高度平均只有76公分，其中雖有十多個噴泉噴發超過1公尺，但最高噴發高度也只有5到6公尺，噴發規模相對來說較小，不像黃石公園和間歇泉谷裡的地熱噴泉，一噴發就是30公尺，甚至50公尺以上的高度。

一場冰火交織的感官體驗

天色還未亮,清晨4點一到,頂著徐徐冷風,旅行社人員已經準時在旅館外頭等人,搭著接駁車摸黑前往小鎮外圍的一處小巴士站集合,等待其他團員們一一到來。

大多數的人雖精神抖擻仍不掩睡眼惺忪,為何得一早就忙翻一群人,原因無他,日出前正是埃爾‧塔迪歐地熱噴泉群最活躍的時候,想一賞壯觀美景,就要當一隻早起的鳥兒。

車窗外仍漆黑一片,路上最顯眼的光線大概非車子大燈莫屬,車上的人除了補眠,也沒有其他事情可做,車子就在顛顛簸簸中朝著目標前進,約莫兩個小時,終於來到海拔超過4300公尺的目的地──埃爾‧塔迪歐地熱噴泉入口處。

海拔4320公尺高的埃爾‧塔迪歐地熱噴泉區入口。

下車前，每個人把最保暖的衣帽全穿上，因為外頭負10度的氣溫可是會讓人頭皮發麻，導遊叮嚀大家等會慢慢走，不只是因為怕動作太大引起高山症不適的反應，更因為靠近地熱噴泉的地面有些看似堅固，但其實很脆弱，若是一個不小心栽進滾燙的沸水中，高達86度的水溫足以讓人致命。

就在導遊耳提面命一番後，一夥人戰戰兢兢準備下車，當司機打開車門的那瞬間，一陣刺骨寒風灌進車內，我不禁打了個冷顫，明知道衣服裝備不足，但已經是我全身上下最保暖的家當。為了一睹埃爾·塔迪歐地熱噴泉的遼闊，終究還是硬著頭皮，跟著大家一起下車去。

車外黑暗中煙霧瀰漫，蒸氣遮蔽了所有視線，沒過多久，天空便出現魚肚白，深藍色的輪廓慢慢透出紫色光，漸漸地，大地越來越明亮，金黃色陽光映照在山坡上，天明破曉時的地熱噴泉色彩繽紛，別有一番景緻。不過，沒敢只顧著欣賞天地風光，除了跟上大夥的腳步，同時也隨時注意自己腳下的路，沿途一個個噴水孔冒著熱氣，蠢蠢欲動，隨時蓄勢待發。

清晨凜冽的空氣，最難受的是鼻子嘴巴，邊走邊用手蓋住自己的下半臉，冷空氣讓鼻水直流，原本就乾

清晨太陽剛升起的埃爾‧塔迪歐地熱噴泉區。

裂的嘴唇這時更是雪上加霜。雖然自己的雙腳正在體驗
安地斯高原上醞釀的火山運動，卻感受不到地面下的熱
度，在太陽還沒完全普照大地前，地表和空氣一樣冰
冷。

　　導遊手足舞蹈熱情地講解著埃爾‧塔迪歐地熱噴
泉的概貌，每走近一個噴水孔，他就有一段故事可以分
享，直到一個快噴發的噴泉池，他本能預知這個間歇泉
會噴發十二秒，跟著噴發節奏開始數了起來。導遊應該
是來過這裡無數次了吧，對於這些間歇噴泉除了瞭若指
掌，還像它們的專屬鬧鐘！

　　此時，我看著正在噴發的水柱，聽著導遊熱切的
數數聲，手拿著相機定格錄影，心裡卻出現一股莫名吶
喊聲……天啊！怎麼還不結束啊……。

不足的禦寒裝備讓零下低溫的健走簡直度秒如年，帶了手套的雙手一樣冰冷，而腳趾頭早就不屬於自己。高海拔的冷空氣讓我完全無法思考，只想趕快找個地方躲進去，導遊仍盡責繼續講解，但我終於按捺不住自己的不耐，快步往遊覽車的方向奔去。本來就知道高山上天氣冷，卻沒想到會這般寒冷，冷到讓人超不耐煩。

心裡原本還覺得內疚，結果一衝上車才發現原來自己不是第一人，車上的幾個團員早早就已經投降，不是因為受不了寒冷天氣的折騰，不然就是高山症引發頭痛，無福消受地表下的火山運動。雖說有點像花錢來受罪，但這樣的高度、冷度，加上無所不在的地底熱度，對每個能夠來到這裡的旅人來說，應該都是人生中非常難忘的經歷吧。

終於，剩餘的團員跟著導遊緩緩歸來，車外不知何時擺好的一小桌早餐正等待大家享用，吃著簡單的三

快噴發的地熱噴泉口。

明治，迫不及待沖杯古柯茶，再來杯熱咖啡，彌補剛剛身體的所有不適。

　　用餐完畢後就是自由時間，補足了熱量，再次踏上冰冷的地表，溫度稍微回升，但空氣一樣寒冷，看著來到這裡的遊客一窩蜂跳進溫泉池裡，我的雙腳再度被凍僵，拖著身體，也無意識地跟著走到池子邊。原本不打算下去湊熱鬧，但冒著熱氣的溫泉讓我自動用最快的速度捲起褲管，褪去腳上的鞋襪，露出渴望溫度的腳趾，享受溫泉池裡從麻木到存在的快感，看著身邊每個人紅透的雙頰，臉上透露出的盡是簡單的幸福。

　　這片缺水的高原旱地上，雖然不利萬物生長，但老天爺公平給了它地熱溫泉，地表下的熱度在這零下的高山上更顯珍貴，天寒地凍中的溫暖、安地斯山上沸騰的地熱，冰與火間的強烈對比，呈現給人們的是種最原汁原味的體驗。

太陽剛升起，地面溫度仍低，溫泉池成了最好的避寒處。

史前村莊散布，沙漠裡的短暫過客

　　許多史前人類村莊都在阿塔卡馬・聖・佩德羅附近發現，距今約一萬一千年的採集狩獵部落，分散在這一大片沙漠綠洲中，經過一段非常漫長的歲月演進，西元前1500至西元400年的兩千年裡，這裡的人類開始了製陶和冶金術，阿塔卡馬人新的生活型態逐漸形成，農耕、畜牧的社會最終完備發展，不再只是依靠大自然的資源過活。

　　距離阿塔卡馬・聖・佩德羅約四十五分鐘車程的 Hierbas Buenas 岩畫，是西元前1000年的創作，將3000年前的生活狀況凝固在岩壁上。當時人類留下的圖畫，包括祭典儀式、不同種族人像和家畜圖像，例如駱馬、家犬等，以及一些存在於那塊土地上的動物、禽鳥畫像等，保留了那個年代的真實樣貌，讓現代人得以一窺遠久人類的生活點滴。

1　2
1. 肚子藏著一隻小駱馬，代表懷孕的駱馬。
2. 一個頭朝上，一個頭朝下，表示正在分娩的駱馬。

1	2
	3

1. 已經懷有身孕的
   山狐。
2. 猴子岩畫。
3. 一整面的岩畫，
   有整群的駱馬和
   紅鸛。

兩千八百年歷史的圖羅爾村莊

　　1956年，比利時人古斯達夫（Gustavo le Paige）
發現了圖羅爾村莊，1982年挖掘修復，據推測當時應
該有二百位居民居住在此。

　　聖・佩德羅西南方10公里的圖羅爾村莊（Aldea
de Tulor），西元前800年形成，利用鄰近的聖・佩德
羅河灌溉農地，群居社會大抵浮現輪廓，直至西元500
年，成為蒂瓦納庫文明的影響範圍之一，最後淹沒在沙
漠黃土中長達一千六百年，直到上個世紀中，才由比利
時人古斯達夫神父發現。

西元400至1000年的日子裡，阿塔卡馬地區屬於蒂瓦納庫的一部分，接受它的宗教洗禮和社會規範，但蒂瓦納庫土國始終沒在這裡建立起一個長期的殖民文化主體。

1. 一個泥磚穹窿代表一間房舍。

2. 從修復房舍的門往外看，高5916公尺的「里坎卡布火山」映入眼簾。

3. 房舍修復樣品屋。

印加帝國之後，被西班牙殖民的基多爾堡壘和獨立後的阿塔卡馬

建於12世紀紛亂年代的「基多爾堡壘」，占地約24,000平方公尺，要塞型村落得以保護自己的家園，免於外族的侵擾，生活上全倚賴聖・佩德羅河河水，當時居民以種植玉米和馴養駱馬、羊駝維生。這裡曾為印加帝國的領地，西元1540年被西班牙征服者攻克。

隨著蒂瓦納庫文明的瓦解，社會動盪加上民族間紛爭不斷，於是智利北部的安地斯山區和阿塔卡馬地區，一個個堡壘型村落在此時出現，離聖‧佩德羅只有3公里的「基多爾堡壘」（Pukará de Quitor，1100～1540），建於西元12世紀左右，屬於防禦型的要塞村莊，這樣的建築除了能保障基本的生活機能，也能防止另一支強大民族「艾馬拉族」的侵略。

西元1450年，印加人出現之前的阿塔卡馬，各個要塞綠洲村落林立，被印加人統治的一百年間，這裡屬於印加帝國南部行省「科亞蘇尤」（Collasuyu），阿塔卡馬沙漠上也看得見印加古道的蹤影。印加統治下的社會階級更是明顯，一些不公平的情況越演越烈，社會內部的矛盾和衝突也漸漸加劇，印加帝國被西班牙征服者毀滅後，西班牙人更粗暴的統治，讓阿塔卡馬人徹底喪失自己的文化和傳統。

西元1536年，西班牙征服者迪耶哥‧德‧阿瑪爾哥（Diego de Almargo）第一次出現在阿塔卡馬地區，四年後，佩德羅‧德‧巴爾迪維亞（Pedro de Valdivia）攻克這個地方，也拿下「基多爾堡壘」。西元1557年，在阿塔卡馬‧聖‧佩德羅設立殖民中心，從此這裡成為控制阿塔卡馬印地安民族，以及宣揚天主教的核心城鎮。

当地人被强迫带往矿区采矿，为西班牙人服劳役，白人带来的传染疾病也让阿塔卡马人无力招架，他们不但完全失去这块土地的所有权，人口也大量减少，连带当地共通语言「坤萨语」也在19世纪销声匿迹，只保留在一些口耳相传的歌谣里。

从西班牙殖民独立后的阿塔卡马地区曾经是玻利维亚的领地，阿塔卡马・圣・佩德罗从那时起便扮演贸易中心的重要角色，直到20世纪开始开采铜矿，她经济重镇的地位才逐渐被103公里外的卡拉马市（Calama）所取代。虽然20世纪初还一度以盐矿和硫磺作为主要经济收入，但1970年代后，因为越来越多观光客造访，观光业和农业反而成为阿塔卡马・圣・佩德罗最重要的经济来源。

1. 「基多尔堡垒」位于山坡上，面向「里坎卡布火山」。

2. 从「基多尔堡垒」往圣・佩德罗河谷看去。

3. 「基多尔堡垒」约有二百个独立的石头穹窿，彼此间有通道连接。

原汁原味的阿塔卡馬沙漠風景

　　壯觀遼闊最能襯托孤寂荒涼的美，絕對是這片受沙漠氣候影響的高地最佳的環境寫照。晨曦和餘暉的金色光芒，讓人將這裡的蒼茫寂寥看得更清楚，一望無際的大地就如此日復一日，無聲無息地運轉，而朝氣蓬勃的鹽沼、河谷和綠洲則為這片荒漠滋潤生命，讓萬物生生不息。阿塔卡馬沙漠上的奇山異水樣貌多變，來過這裡的人，相信都能說上一段屬於自己的故事，只要意猶未盡的感覺仍繚繞於心，就是對這片渾然天成美景的最好讚賞。

時間不足的第一選擇：阿塔卡馬鹽原、紅鶴保護區和高原鹽湖

　　阿塔卡馬鹽原和高原鹽湖絕對是來到這裡不能錯過的景點，小巴士通常早上八點出發，傍晚五點左右回到阿塔卡馬・聖・佩德羅，途中參觀一處綠洲村莊叫「多科瑙」（Toconao），近距離感受當地人真實的生活，行程最遠地方和最高海拔，來到4200公尺高的米斯勘蒂和米尼給斯鹹水湖，兩座湖各緊鄰一座同名超過5600公尺的火山。

1. 海拔4200公尺高的鹹水湖和壯觀的火山群

　　「一眼望不完」是這區安地斯高原的特色，積著雪

的火山層層疊疊，就像一個個肩並肩的巨人各展身手；個人秀精彩絢麗，團體秀氣勢磅礴。距離讓四周的景物變得渺小，蒼穹下的火山群看起來近似咫尺，卻遠在天邊，加上天湖一色相互輝映，在這裡不管用什麼角度拍照，永遠都是最美、最真實的畫面。

　　眼前的大自然傑作，讓一到達的目的地的我們完全忘了什麼高山烈日、紫外線強烈，不自覺地只想往步道的更深處走去，步道兩旁遼闊的灌木叢和草堆中，偶爾能瞥見小羊駝和野兔，野生動物的出現總讓大家停下腳步，彼此比手畫腳指向需要視力2.0才能看得清楚的遠方，但即使是模糊的身影，也讓大家如獲至寶，荒野間的不期而遇稍縱即逝，留在腦海的畫面卻是永恆。

5622公尺高的米斯勘蒂火山和海拔4200公尺的米斯勘蒂鹹水湖（Laguna Miscanti）。

5910公尺高的米尼給斯火山和海拔4200公尺的米尼給斯鹹水湖 （Laguna Miñiques）。

2. 綠洲村莊「多科瑙」

途中經過一個綠洲村莊叫「多科瑙」，它最著名的景點就是一座鐘樓和一間教堂，以及當地仙人掌做成的門、樓梯和天花板等，鐘樓和教堂都可以追溯至18世紀中期，而這個小鎮也以手工藝品出名，尤其是編織類的商品。

此外，這裡住的全是阿塔卡馬人，也是智利北方原住民，一共約有七、八百位居民，讓我印象最深刻的莫過於超級友善的當地人，不但跟觀光客有說有笑，一個店家老闆連自家養的駱馬都牽出來給大家免費拍照，還開了好幾包洋芋片、餅乾讓每個人餵食，我們要拿錢給對方，他還拒絕，說只希望大家開心就好，真的是遇上好人。旅行當中最鮮明的記憶都因「人」而起，沒有大山大水，名勝古蹟的振奮人心，純樸的「多科瑙」小鎮一樣讓我念念不忘。

綠洲村莊的仙人掌，還有可愛的駱馬。

綠洲村莊的鐘塔與教堂。

3. 阿塔卡馬鹽原

　　阿塔卡馬鹽原非常廣闊，占地面積約有3200平方公里，這個觀光行程主要是引導遊客往一區叫「松科爾」（Sector Soncor）的國家級紅鸛保護區參觀，這裡的鹽原是一塊塊結晶鹽塊組成，並不是一大片的鹽地平原。

　　生活在鹹水湖的浮游生物、鹽水蝦和藻類，提供保護區裡的紅鸛和其餘禽鳥無虞的食物，由於已經是冬季，所以沒機會見到成群結隊的紅鸛覓食，雖然只有零星幾隻稍嫌不過癮，但也足夠讓大家的相機快門按個不停。

天明破曉時體驗冰火交融：地熱噴泉和馬丘卡村落

1. 埃爾‧塔迪歐地熱噴泉

　　位於海拔4320公尺高的埃爾‧塔迪歐地熱噴泉區，適合安排在適應高海拔後再前往參觀。一大早來到埃爾‧塔迪歐地熱噴泉區，為了的就是看日出蒸氣的雲煙繚繞，因此從阿塔卡馬‧聖‧佩德羅出發的時間通常是凌晨，兩個鐘頭內巴士會一路上升2000公尺，所以保持良好體力和充分睡眠，可以讓高山反應症狀減緩，不至於讓人敗興而歸。

　　由於高山地形加上清晨時分，所以氣溫相當低，6月天的拜訪，溫度已經來到零下10度，但導遊說這還不是最冷的時候，7、8月會再降5度，山頭上的雪也會積的更深，不過遊客常造訪的溫泉池則長年維持在35度左右，也算是給來到這裡的每個人最好的獎勵。

埃爾‧塔迪歐地熱噴泉區。

2. 馬丘卡村落

離開埃爾‧塔迪歐地熱噴泉區的回程路上，在經過格蘭德河流經的安地斯山谷後，接著便來到一個高山村落叫「馬丘卡」（Aldea de Machuca，海拔超過4000公尺）。這個村落其實已經是名存實亡，有人說住在這裡的村民有四位，而又或不超過十位，但實際上這些人都只是為了觀光客而輪流駐守在此。

這個只有兩排房舍，一條街道和一間教堂的高第山印安村莊，目前是個專門接待觀光客的「人造景點」，人去樓空的房舍，只有在特殊節慶時，才有比較多當地人聚集在白色教堂前，這個讓我記憶深刻的村落不是他們獨一無二的生活方式，而是一早現做、現烤的起司酥皮和烤肉，讓我們一堆人瘋狂搶購，小鎮頓時人聲鼎沸。

村落教堂與現烤烤肉。

夕陽下的奇岩異石之旅：層層鹽山組合成孤寂山谷

1. 三尊瑪麗亞鹽岩像

　　三尊瑪麗亞岩像從左至右，分別是「拱背膜拜的瑪麗亞，站立祈禱的瑪麗亞，跪拜祈求的瑪麗亞」，但縱使近距離看了半天，如果沒人講解，大概一時半刻也猜不出這三個岩石像的真面目，或許有不少人的想法跟我一樣，當初命名這三尊鹽岩像的人一定有很好的想像力才是。

　　不過，這樣的取名方式與這一大片荒涼鹽漠有絕對關係，前不着村，後不着店，寸草不生的貧瘠大地，誤闖這裡可能只剩死路一條，唯獨心中的信仰，才是能在這個杳無人煙的地方，繼續支持人生存下去的動力。三個不同姿勢的瑪麗亞岩像，分別站立在這遼闊的鹽漠上，現在則為遊客的到此一遊作見證，有些人模仿她們的姿勢維妙維肖，到底像不像瑪麗亞，大家開心就好。

三尊瑪麗亞岩像。

2. 鹽山山脈，月亮谷和死亡谷

「東北西南」走向的鹽山山脈（Cordillera de la Sal），西邊是多梅科山脈（Cordillera de Domeyko），東邊則是高聳的安地斯山脈，它像阿塔卡馬・聖・佩德羅的屏障，穿越它之後，壯觀的阿塔卡馬鹽原便出現眼前。

阿塔卡馬的鹽山山脈，在數千萬年前原本應該屬於內陸海或是內陸湖泊的一部分，因造山運動隨著安地斯山一併被隆起，之後受風、雨和阿塔卡馬沙漠上的太陽長期合力影響，經過千萬年的演變，才有今日這般巧奪天工的自然景象。

鹽山山脈最高的部分出現在月亮谷裡，有2624公尺高，主要由灰泥、黏土、氯化鈉（鹽）和古生代沉積岩組成，因為寸草不生的大地和了無生機的環境，當地

綿延數里的鹽山形成月亮谷。

將部分區域取名作「月亮谷」和「死亡谷」，實在太適合這片死寂的感覺。

　　走進月亮谷裡，風化的岩壁，陡峭的沙丘，怪石嶙峋的石林和四周圍繞的危峰兀立，就像印象中那個死寂詭異的月球氛圍，我們一夥人走過沙丘，爬上岩壁，爭相只為更接近這奇特地表。崎嶇不平的岩塊，只允許人彎著腰慢慢行走，一旁沙丘上吉普車剛開過的痕跡還清晰可見，每個人用著自己的方式記憶這當下片刻的震撼。

　　透著金黃光芒的死亡谷，結束今日的奇岩異石之旅，餘暉灑在層層石林和岩壁上，開始倒數黑夜來臨的腳步，已經準備好的零食點心擺在小巴士旁，大家一邊欣賞夕陽美景，一邊閒話家常，直到不見太陽蹤影，才願意打道回府，夜幕降臨前的死亡谷更顯陰森寂寥。

死亡谷上的倒影。

阿塔卡馬‧聖‧佩德羅主廣場周邊

1. 主廣場

這是鎮上樹蔭最茂密的地方，樹木都是當地原生種，廣場猶如一座小公園，也是當地人乘涼的最好去處。

2. 聖‧佩德羅教堂（Iglesia de San Pedro）

一座白色泥磚建築的經典，特殊的外型免不了讓人多看幾眼，這裡是西班牙人當時對阿塔卡馬人的主要傳教地方，據說最早的禮拜堂16世紀中葉就已經出現，不過現在的聖‧佩德羅白教堂，大部分建築修建於18世紀中葉，教堂旁的鐘塔則落成於1964年，取代原本的木造建築。教堂內最特別的建築結構，就是使用仙人掌木製作而成的天花板。

3. 古斯達夫博物館（Museo Gustavo le Paige）

比利時人古斯達夫神父因耶穌會任務而來到阿塔卡馬・聖・佩德羅，他在這個沙漠上幾乎奉獻大半輩子，停留二十五年（1955～1980）直到去世期間，他發現了圖羅爾村莊（西元前8世紀出現），也挖掘收集近三十八萬件的阿塔卡馬古文物，為阿塔卡馬人的歷史寫下嶄新一頁。西元1963年，他得到北方天主教大學（Universidad Católica del Norte）的贊助，古斯達夫博物館正式成立。博物館內保存了這裡為數眾多的古文物，包括四千個頭蓋骨和一千五百個保存良好的木乃伊，同時也記錄下屬於阿塔卡馬人過去歲月的痕跡。館內除了常態展覽，有時也會有特展展出。

古斯達夫博物館，大門口左邊立了一尊古斯達夫神父的銅像。

古斯達夫神父辦公室。

阿塔卡馬沙漠行前須知

大多數遊客來到海拔 2400 公尺以上的阿塔卡馬沙漠，最需要克服的難題，不外乎是乾燥和高山反應。

1. 補充水分克服乾燥氣候：

乾燥氣候部分，記得多補充水分、塗抹乳液和護唇膏。

2. 預防高山反應，喝當地的古柯茶：

除了放慢腳步，古柯茶也助於預防高山反應。

3. 早晚溫差大，備妥適合的衣服：

保暖衣物一定要準備齊全，防曬乳、遮陽帽和墨鏡也一定派得上用場。

4. 相關行程規劃，可參考鎮上的旅行社：

喜歡戶外活動的旅人來到這裡一定不會失望，從需要大量體力的登山健行、自行車活動和騎馬野營，到小巴士觀光遊覽的靜態行程，當地旅行社都有承辦，全看個人的預算和喜好。阿塔卡馬·聖·佩德羅小鎮上的旅行社大都集中在主街「卡拉科雷斯街」。

5. 物價高昂，錢袋一定要夠深：

智利物價水準比起周邊國家，算是比較昂貴，一些剛從玻利維亞的「烏尤尼鹽原」跨越國境而來的旅客，感受更是明顯，如果想吃住都舒適，來到這裡就要有荷包失血的準備。

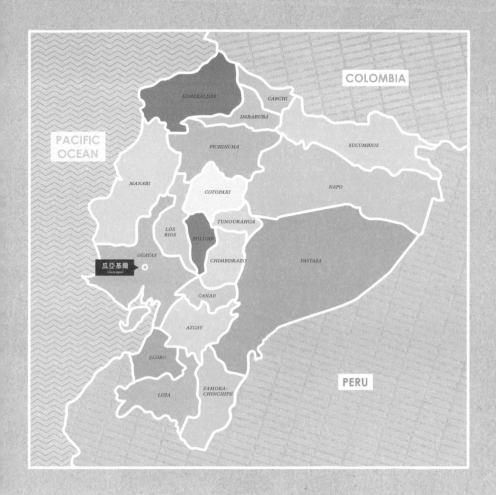

❸ 厄瓜多
揮別都市，走入動物星球

那裡的動物不帶偏見與恐懼，接受人類的存在，視之為同樣試圖在那片荒地生活的另一物種。與大自然和平共存的經驗非常觸動人心，足以改變人類的生命，推翻我們對自己在世界中所處位置的認知，以及我們對待其他地球居民的方式——無論是人類或非人類。——Henry Nicholls（英國科學作家）

從都市叢林到野生動物樂園

從熱鬧非凡的第一大城「瓜亞基爾」，走進野生動物專屬的「加拉巴哥群島」，同一個空間，兩條生活平行線，燈紅酒綠與純樸安逸各有所好，就像是從人間走了趟夢想中的伊甸園，意猶未盡是唯一的遺憾。

第1站 ／

從危險又華麗的瓜亞基爾開始

一座商業大城，一個喧囂繁華的城市，走進這裡彷彿來到一個叢林戰場。「披上狼皮的羊」虛張聲勢，只不過想保護自己，不讓險惡的環境給吞噬，在這生活的大多數人又何嘗不是如此。

好個安全的「井」字大街

─────── ⌘ ───────

位置
厄瓜多的西南部。

歷史
早在西元前3500至1800年，瓜亞基爾已經出現瓦爾迪維亞文明（Cultura Valdivia），西元1547年第一批西班牙移民進駐，1820年瓜亞基爾脫離西班牙統治，成為厄瓜多第一個獨立的城市。

特點
· 厄瓜多的最大城市和主要海港。
· 山丘上色彩繽紛的當地住家。

─────── ⌘ ───────

　　從祕魯首都利馬搭上一路超過二十七小時的跨國巴士，來到瓜亞基爾（Guayaqil）時，天色已經昏暗，車站人潮擁擠，一時間真搞不清楚東西南北。當下本想隨便招輛計程車往市中心民宿去，但又很猶豫當地治安，就在下車月台處東張西望時，幸運遇上一位德國女生也在詢問是否有人想共乘，最後我倆便結伴搭車前往目的地，兩個互相作伴也壯膽。

　　終於抵達預定的民宿，不巧，民宿已經客滿，那位德國女生只好連夜再找地方入住，櫃台服務人員拿出地圖，在放大地圖的主街道畫上顯眼的螢光色，剛好就排列出個「井」字型。她再三跟這位女生強調，晚上最好只走主大街，附近還有幾間不錯的民宿可以去問問，另外，除非真的很喜歡夜生活，否則入夜後還是乖乖待在民宿公寓裡比較安全。聽得出晚上的治安狀況連當地人都心生恐懼。

　　白天超過「井」字區域的地方，沒事也別往那邊走，想冒個小險穿梭主街外的大街小巷，自己也一定要特別當心，主街盡頭的河濱步道最適合觀光客，起碼安全無虞。盡責的櫃檯人員再三叮嚀，或許看我們都是個人出門在外，於是多提醒了幾句，閒聊過程中聽得出她的擔心，雖然不需要自己嚇自己，但小心點總是比較好。

民宿人員的提醒不是沒有道理，白天的瓜亞基爾街道上雖然人來人往，但外來臉孔還是特別容易引起注意，快步走在主大街上，不時出現擦身而過的路人當著我的面喊「China」（中國女生），絕大部分是男人。不過，讓我驚訝的不是他們認為東方人就是中國人的想法，而是街上每天總出現好幾位攔著我喊「China」，但問對方想幹嘛，通常得到的答案不是「沒事」，不然就是對方快速離去，搞得我一頭霧水，這算是當地人一種表達低調熱情的方式嗎？！姑且不論他們的想法為何，徒步在瓜亞基爾街道上確實讓我無法輕鬆，當地對東方面孔應該不陌生，但外來客似乎很容易引起路人側目。

　　至於領個報名費，旅行社行員也是堅持一路「護送」我到ATM提款，再陪著我一起走回來完成報名手續，曾拜訪過不少個拉丁美洲大城，但連大白天在市中心領個錢都要這麼膽顫心驚，瓜亞基爾真是出乎我意料之外。行員只能說聲抱歉，沒辦法，公司就是規定不收信用卡。不過說真的，誰會沒事隨身攜帶大筆現金在瓜亞基爾街上走動呢！

　　這些年來，瓜亞基爾當地政府犯罪打擊確實有些成效，也積極改造城市面貌來吸引觀光客佇足。現在的瓜亞基爾市的確耳目一新，但層出不窮的搶案還是天天

厄瓜多 ECUADOR

上演，入夜後的街巷更是不平靜，路上帶槍搶劫，以及從背後襲擊路人的情況時有聽聞，只能說這個戴著華麗面具的城市，面具底下隱藏著許多難以見人的瘡疤。

其實來到瓜亞基爾前，早就耳聞當地惡名昭彰的計程車搶劫事件，及攻擊路人的行為。身為厄瓜多商業中心的第一大城，瓜亞基爾的人口結構複雜可見一斑，身處龍蛇雜處的大都會區，大家都想分一杯羹，尋找發財的機會，其中透過竊盜、搶劫等行為來取得錢財的情況，在這個城市又特別嚴重。如果不是為了從這裡飛往加拉巴哥群島，一遊人生夢想的天堂，瓜亞基爾大概是我這輩子從沒想過拜訪的地方。

01

主 大 街（Ave. 9 de Octubre，10月9號街）底的河濱步道入口處。

圍牆外的真實生活

瓜亞基爾是厄瓜多繁華的第一大城，瓜亞斯河岸及主街道旁的大樓建築見證這座城市的富足，然而城市裡多數的社會底層人們卻無福消受。同樣是面對瓜亞斯河的河岸光景，卡門山丘（Cerro del Carme）與聖塔·安娜山丘（Cerro Santa Ana）為鄰，居民們面對的卻是同樣風光兩樣情。

卡門山丘山壁上一間間花花綠綠的房屋，遠看就像幅美麗的馬賽克拼圖，但這裡卻是瓜亞基爾窮人的家，也是俗稱的「貧民窟」。不只山丘上的人家，瓜亞基爾市60%的人口，都居住在像這樣衛生條件不太理想的地區，沼澤地、垃圾場、下水道出口，全都是這些新來舊到貧窮家庭的棲身之所。

聖塔·安娜山丘的拉斯佩尼亞斯區（Las Peñas），是瓜亞基爾最有文化歷史的一區，原本也是處貧民窟，自2001年開始改造，重新管理規劃後，現在則是觀光客必參訪景點。從這裡可以近看卡門山丘的生活原貌，原本看起來頗有一番風味的七彩房舍，其實這才發現大多數的鐵皮屋頂早已鏽蝕，好幾間臨時搭建的木造房屋，像似懸掛在半山腰上，搖搖欲墜，上了五顏六色的牆壁油漆大部分也已經斑駁，居民往來的羊腸小徑到處

卡門山丘上五顏六色的屋舍。

是垃圾，生活環境談不上舒適。

　　一路從聖塔・安娜山丘走下，沿路好幾扇開啟的鐵門讓人好奇，門外的那個世界到底過得怎麼樣的生活，鐵門這邊的拉斯佩尼亞斯區，平整的石磚道路看得出「以客為尊」的禮遇，而鐵門外那頭該是平民舒服的家園卻是水泥、石頭泥土路交雜，缺乏整理的巷弄遍布垃圾紙屑、堆積廢物，光從鐵門口就能嗅出一股詭異的氣息。

　　本想跨越鐵門到當地人家的家園看一看，但突然冒出的警衛和保全讓我卻步，兩個身穿制服，自稱工作人員的「警衛」和「保全」堅持陪我過去，說是要保護

我的安全，因為那裏的搶劫情況嚴重。他們倆七嘴八舌一直說服我，聽起來實在很可疑，到底是過去保護我，還是想預謀犯案，反正信不過他們兩個，我也不想冒著好奇害死貓的風險，便打消一探究竟的念頭。

　　1998年的瓜亞基爾歷經數個月的夜間宵禁，原因是在此之前的幾十年間，數以萬計的鄉村居民渴望有更多的工作機會和發展，蜂擁到這個大城市討生活，但湧進眾多的人口，加上生活又不如想像中那般如意，偷拐搶騙也讓瓜亞基爾一度成為犯罪的天堂。「貧窮是犯罪的溫床」，雖然比起過去景況，現在的社會治安已經改善許多，然而單獨走在街上還是得隨時緊戒，不能掉以輕心。

一個門兩個世界，整齊乾淨的這頭屬於觀光客，而另一頭才是當地人的家園。

繁華的瓜亞基爾──曾經的海岸部落、西班牙統治下的重要港口

　　緊鄰瓜亞斯河的瓜亞基爾，西元1535年西班牙人開始建城，1547年第一批移民選擇當時稱為「綠色山丘」（Cerrillo Verde）的聖塔・安娜山丘定居，因為居高臨下的位置方便西班牙統治者監控海盜的一舉一動，隨時對他們的偷襲作出反擊。不過，西班牙人來到這裡之前，瓜亞基爾早已經是海岸部落文明生根的地方，人類來到這裡生活的歷史，可以追溯至5500年前的瓦爾迪維亞文明（Cultura Valdivia）。

　　據說「瓜亞基爾」的名字來自一個悲慘的結局，主要是為了紀念因對抗西班牙人入侵而慘遭不幸的當地部落酋長和他的妻子。傳說中「璜卡比爾卡」文明（Cultura Huancavilca）驍勇善戰的酋長「瓜亞斯」（Guayas），他不只帶領族人奮勇抵抗當時印加人的侵略，也與後來的西班牙征服者有過征戰，但很不幸，最後不敵西班牙人戰敗，瓜亞斯先殺了他漂亮的妻子「姬爾」（Quil），之後自己投河自盡，就是不讓西班牙征服者有機會活捉他們。

　　西班牙統治下的瓜亞基爾，既是重要港口，也是造船中心，但在17、18世紀經常遭受海盜攻擊和掠

01

奪，城內更曾經歷多場祝融。1764年大火肆虐，幾乎燒掉整個瓜亞基爾市，獨立後最嚴重的一場火災則是發生在1896年，三十六小時內城裡70%的木造房舍和建築全都被燒毀。

1820年從西班牙獨立的瓜亞基爾，成為厄瓜多共和國第一個獨立的城市，市容髒亂曾為人詬病，但幾經當地政府大力整頓，現在乾淨整潔許多，而且還是這個國家最重要的經濟金融中心及商港重鎮。

目前的瓜亞基爾是厄瓜多住了最多人的城市和第一大港，大都會圈的三百萬人口撐起這個國家的經濟繁榮，國家90%的進口和50%的出口都從這裡進出，怪不得當地人常自豪說，他們為國家賺進大把的鈔票，但首都基多人只知道怎麼花他們賺的錢，而這當然只是兩個大城間互相較勁的言語，以及身為瓜亞基爾人那種自身的驕傲和自信的口氣。

瓜亞基爾市中心，可徒步抵達的5個景區

1. 馬雷貢2000（Malecón 2000）河濱大道

2.5公里長的人行步道，除了餐廳、店家、公園、電影院和文化中心外，著名的幾個觀光景點也都在這條舒服的步道上。馬雷貢2000也稱為西蒙‧玻利瓦大道（Malecón Simón Bolívar），主要是為了紀念「西蒙‧玻利瓦」，一位偉大的政治領導者和軍事革命家而命名。

在19世紀初的南美獨立運動中，各國從西班牙帝國的統治下脫離獨立，其中「西蒙‧玻利瓦」是功不可沒的第一人，他本來有機會稱帝，但以個人野心為戒，稱自己是「解放者」（El Libertador），建立「大哥倫比亞共和國」（Gran Colombia），而後來的厄瓜多、哥倫比亞、委內瑞拉、巴拿馬、祕魯和玻利維亞的獨立建國和民主思潮，也都深受玻利瓦的影響。

半圓形露天廣場（La Rotonda）

廣場上兩尊握手的人物雕像分別為委內瑞拉的西蒙‧玻利瓦和阿根廷將軍何西‧德‧聖馬汀（José de San Martín），他們是南美各國脫離西班牙獨立的關鍵人物。

摩爾式鐘塔

建於1770年，高23公尺，現在是當地年輕人相約見面的地標。鐘塔開放參觀，塔上的時鐘建造於1839年，是個機械鐘，別具歷史風味，登上鐘塔頂端可以遠眺瓜亞斯河。

「亨利‧摩根」海盜船

厄瓜多海岸曾經有不少這類型的船隻定期往來，這艘仿古船提供遊客一遊瓜亞斯河的服務，用不同角度欣賞瓜亞基爾的城市面貌。

當代藝術人類博物館

簡稱MAAC，2003年開幕，館內收藏五萬件出土時間介於西元前8000年、15世紀哥倫布發現新大陸前，屬於厄瓜多海岸文明的文物，另外也館藏超過3400件的現代美術作品。館內設有放映廳，專門提供給會議、音樂會和相關文化活動使用，喜歡文化和古文明的遊客，MAAC絕對是值得一遊的地方。

當代藝術人類博物館

一整面牆的小型泥土人偶

2. 拉斯佩尼亞斯區

18世紀時，拉斯佩尼亞斯區曾是當地中產階級人士聚集的地區，1896年被大火吞噬，1902年的另一場大火更將這裡燒成灰燼，本來的西班牙殖民建築已不復在，後來這裡才又依照當時流行的維多利亞風格重新修建完成，距今一百多年歷史。現在的拉斯佩尼亞斯區紀念品店、咖啡店、酒吧林立，更是喜好高檔夜生活遊客和當地居民的最愛，這裡也是藝術家們展現自己畫作的最佳場所。

拉斯佩尼亞斯區街道

3. 聖塔・安娜山丘

高310公尺的聖塔・安娜山丘，從山下一路往上參觀，走完444階便可到達山頂，沿路行經的拉斯佩尼亞斯區，色彩繽紛的屋舍讓人目不暇給，以及露天堡壘博物館保留部分的堡壘地基，讓人一窺17世紀時人們為了抵抗海盜入侵而築起的城牆。最後來到山頂處，一座18公尺高的燈塔和一間2002年才興建的天主教禮拜堂，為整趟參觀行程的終點。山頂平台上除了可以欣賞瓜亞斯河風光，往東能遠望聖塔依島（Isla Santay）和河流對

岸的杜蘭區（Duran），往西則是卡門山丘和整
座瓜亞基爾城市盡收眼底。

444階到達聖塔‧安娜山丘頂與聖
塔‧安娜禮拜堂。

4. 玻利瓦公園／塞米納里歐公園（Parque Bolívar o Seminario）

玻利瓦公園位於瓜亞基爾大都會教堂正前方，絕
對是整個城市內最有趣的公園，當地人也稱這個
地方為「鬣蜥公園」。建於19世紀的玻利瓦公園
原本叫「星之園」，因為一個作工精細的八角星
星石而得名。1889年公園中豎立起一尊騎著馬
的玻利瓦青銅雕像，於是這個公園便順理成章地
被叫作「玻利瓦公園」。之後一位慈善家「塞米
納里歐」（Manuel Seminario）捐錢整修此處，
為紀念這位慈善家，塞米納里歐公園的名稱因此
產生。現在公園內最有看頭的則是一群不怕人的
綠鬣蜥，牠們是標準的素食主義者，以葉菜和植
物果實為主食，由於牠們是冷血動物，所以曬太
陽對牠們來說非常重要，在公園裡常常可以看見

三三兩兩動也不動的綠鬣蜥，頭抬得直挺挺地享受日光浴，「鬣蜥公園」的名號在瓜亞基爾遠近馳名。

5. 瓜亞基爾大都會教堂（**Catedral Metropolitan de Guayaquil**）

瓜亞基爾大教堂建於1547年前後，本體為木造建材，原址在聖塔・安娜山山腳（西班牙殖民城市誕生之處），之後毀於瓜亞基爾的一場大火中。1695年教堂搬遷到當時「新城」的地方，也是現在大都會教堂的所在地。目前所看到的瓜亞基爾大都會教堂始建於1924年，採新歌德式建築風格，教堂正上方的大圓形玫瑰彩色玻璃窗，讓陽光透入教堂內產生美麗的光影，也讓室內因光線而明亮。另外，教堂大門拱頂的四個浮雕，分別是長著翅膀和持著書本的公牛、天使、老鷹和獅子，它們也各自代表決心、知識、靜默和果敢的形象。

玻利瓦公園和大都會教堂

玻利瓦公園裡的綠鬣蜥

加拉巴哥群島，與達爾文最接近的距離

「生存下來的物種不是最強壯，也非最聰明的，而是最
能夠適應改變。」——查爾斯・達爾文

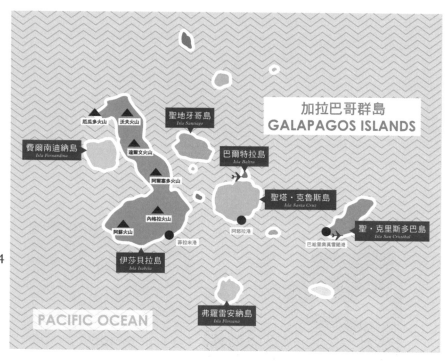

加拉巴哥群島
GALAPAGOS ISLANDS

厄瓜多火山　沃夫火山

聖地牙哥島
Isla Santiago

費爾南迪納島
Isla Fernandina

達爾文火山

巴爾特拉島
Isla Baltra

阿爾塞多火山

聖塔・克魯斯島
Isla Santa Cruz

內格拉火山

阿蘇火山

菲拉米港

阿嬤拉港

聖・克里斯多巴島
Isla San Cristóbal

巴給里薩萬雷諾港

伊莎貝拉島
Isla Isabela

弗羅雷安納島
Isla Floreana

PACIFIC OCEAN

加拉巴哥群島，散布在赤道附近的十三個小島

— ⌘ —

位置

東太平洋赤道附近。

歷史

西元1835年達爾文拜訪加拉巴哥群島，島上的獨特生態啟發他寫
出《物種起源》，1959年被列為厄瓜多第一個國家公園，1978年被
聯合國教科文組織（UNESCO）列為世界自然遺產。

特點

‧豐富的陸地與海洋生態，被稱為「活的生物進化博物館」。
‧麻繩狀的火山熔岩景觀。

— ⌘ —

　　加拉巴哥群島（Islas Galápagos）屬於厄瓜多共和
國的領土，但位在離厄瓜多1000至1300公里處的太平
洋赤道附近，從第一大城瓜亞基爾搭機過去差不多要兩
個小時的時間，所在時區也比厄瓜多本土慢一個鐘頭。

　　群島上有兩處對外機場，一個在巴爾特拉島
（Isla Baltra），另一個則在聖‧克里斯多巴島（San
Cristóbal），多數觀光客選擇在巴爾特拉島上下機，原
因是與它一海之隔的聖塔‧克魯斯島（Santa Cruz）是
觀光資源最多，設施最完善，也是1964年創立的達爾
文研究站和象龜復育中心所在地。

加拉巴哥群島又稱「龜島群島」、「科隆群島」，1892年為了紀念哥倫布發現新大陸四百年，即使哥倫布從沒到過當地，厄瓜多政府仍把加拉巴哥群島的官方名稱改為「科隆群島」，不過這個官方名字還是不如「加拉巴哥」本身來的有名氣。

物種起源的演化實驗室

擁有127座大大小小島嶼和岩石的加拉巴哥群島，當中二十座島嶼面積較大，其中的十三座超過10平方公里，島嶼中又以聖塔・克魯斯島、聖・克里斯多巴島、伊莎貝拉島（Isabela）和弗羅雷安納島（Floreana）這四座最為熱鬧，長期定居在這裡的人類和島上的野生動物和平共存，彼此見怪不怪，互相適應對方存在的生活。

聖塔・克魯斯島是四座島嶼中最多人口居住的島，而伊莎貝拉島除了是最大島，也是火山分布最密集的一個島嶼。整體來說，加拉巴哥群島算是很年輕的火山島嶼群，像伊莎貝拉島的形成不到一百萬年，聖・克里斯多巴島雖是當中比較古老的火山岩島，但形成時間距今也不過三百到五百萬年而已。

根據學者專家的火山進化研究，加拉巴哥群島是

地球上火山最活躍的地方之一，過去的兩百年間，八個不同的加拉巴哥群島火山有六十多次的噴發紀錄，最近的一次則是2015年伊莎貝拉島北方的沃夫火山噴發，這座火山距離上次噴發已有三十三年的時間。

加拉巴哥群島所在的熱點已經活動數百萬年，創造出一座座各種形狀和大小的島嶼，因為熱點上方的納斯卡板塊持續移動，這些形成的島嶼也跟著板塊每年以3到5公分的速度朝東南方漂移，所以西邊的火山岩島由於靠近熱點，因此也越年輕、越活躍，東邊的島嶼形成時間則相對比較久遠。

加拉巴哥群島位在的三個板塊交接處，分別是納茲卡、科科斯和太平洋板塊，因板塊運動產生的海底火山活動，形成了加拉巴哥為數眾多的火山群島，加上島與島間被海洋隔絕，造就獨立發展的小天地，因此動物各自演化，讓原本該屬於同一族群的物種，為了適應新的生存環境，於是進行了一段漫長的淘汰和進化競爭賽，因而衍生出變異的特有物種。

最有名的就是達爾文雀（Darwin's Finch），也是達爾文「進化論」、「物競天擇，適者生存」的靈感來源，十三種不同雀鳥經過長期演化，讓這些原屬同一族群的雀鳥，為適應環境避免爭食，自然發展出十三種外

觀相似，但外形上有些許差異的個體。鳥喙演化成不同尺寸和形狀，就像不同的工具，方便用來覓食，無法適應環境或者覓食能力較差的雀鳥，最終遭到淘汰，新物種的出現驗證了大自然的競爭法則，「適者生存，不適者淘汰」。

達爾文雀的鳥喙變異，用來適應不同的食物來源，避免爭食。

伊莎貝拉島上的達爾文雀。

人來了，「龜島群島」是天堂也是地獄

加拉巴哥群島在1570年正式被納入世界地圖中，1535年開始被寫入史料，巴拿馬主教佛雷・湯瑪斯（Fray Tomás de Berlanga）則是第一個有文獻紀錄的拜訪者。他在前往秘魯的途中無意間發現這個地方，之後回報給西班牙國王，說這裡有很多巨龜和爬行動物，

因此稱這些群島為「龜島」，也是「加拉巴哥群島」原本的名稱涵義。

不過，根據當地傳說，住在厄瓜多沿岸的水手才是第一批到達這些島嶼的人類，從好幾座島上發現的陶器碎片，證明加拉巴哥群島在哥倫布發現新大陸前就已經有人類拜訪。這些勇敢的水手乘著木筏，被風浪和海流帶往這些遙遠未知的島嶼，當時對他們來說，突然看到這些巨大象龜在陸上爬行，長得像傳說中那只怪物的海鬣蜥在海裡游泳，以及各種生活在熔岩惡土上的奇特生物，加拉巴哥的生活到底是天堂還是地獄？可惜，他們未留下隻字片語。

17、18世紀的加拉巴哥群島絕對是個生人勿近的地方，這個區域被海盜把持，島嶼是海盜藏身，專門用來打劫路過商船的基地，直到西元1832加拉巴哥群島正式成為厄瓜多共和國的領土，政局才慢慢穩定下來。三年後，查爾斯‧達爾文搭著小獵犬號到訪，敏銳的觀察成就了「進化論」讓自己歷史留名，也讓加拉巴哥群島的聲名更加遠播。

達爾文短短五星期的停留，發現加拉巴哥群島的動植物和南美大陸上的物種十分相似，島上的動物又隨著分布島嶼的不同，外形長相都有明顯差別，例如燕

伊莎貝拉島上復育中心的象龜。

雀、象龜和鬣蜥等，這些變異的個體也是日後激發達爾文提出「物種起源」和「物競天擇」演化機制的根基。

　　1959年加拉巴哥群島成為厄瓜多的第一個國家公園，97%的土地都被劃入國家公園區內，從那時起居民人口數開始受到限制。讓人難以想像的是，加拉巴哥群島一度在20世紀初躍上挪威奧斯陸的報紙頭條，大幅廣告熱烈的邀請挪威人移民到這個熱帶天堂，當然在經過人類大肆開發和墾伐後，加拉巴哥群島的「天堂」美譽不再。

　　人類和野生動物搶地盤，動物通常是毫無招架之力的那方，不只人類的遷入，直接或間接影響動物的生存危機。被人類當作食物宰殺的加拉巴哥象龜，在18、19兩個世紀更經歷了一場血腥大屠殺，最終導致

將近二十萬隻的象龜死亡，這個天堂無疑曾經是他們的人間煉獄。

由於象龜可以一年不吃不喝，所以海盜和捕鯨人經常將象龜帶到船上當作儲備食物，因此對加拉巴哥象龜加以濫捕，那時的加拉巴哥群島到處瀰漫死亡氣息，遍地都是象龜的屍骨，慘不忍睹。又因為棲息地減少和外來物種入侵，到了20世紀中期，島上的象龜只剩下幾千隻。經過長期復育加拉巴哥象龜，目前群島上的野生象龜數目已經來到二萬至二萬五千隻。

二次大戰期間，加拉巴哥群島也沒有在人類歷史上缺席，美國在日本偷襲珍珠港後加入戰爭行列，巴爾特拉島被美國人用炸藥剷平，作為當時美國轟炸機降落的基地，戰爭結束後基地關閉。1949年美國人將這裡移交，加拉巴哥群島的領土主權才真正回到厄瓜多人手中。

不過，那時的加拉巴哥群島除了作為戰爭用途，另外一個功能就是十惡不赦犯人的流放地，例如伊莎貝拉島就曾扮演監獄的角色，島上一道5到6公尺高，3公尺寬，100公尺長的巨牆，見證這段慘無人道的歲月。這座巨牆被稱為「淚牆」，由當初流放在這裡的罪犯堆疊而起，目的只是讓他們有工作做，受刑人受盡凌

虐，不少人在這裡被折磨至死。

　　直到1959年，加拉巴哥群島成為國家公園後，這些島嶼才開始自己嶄新的一頁，之後1986年成立了70,000平方公里的加拉巴哥群島海洋資源保護區，讓自然生態維護更往前邁進一步。1998年時海洋資源保護區擴張到133,000平方公里的面積，現在隨著環保意識抬頭，人們更深切了解與自然生物共存的可貴。

伊莎貝拉島上的「淚牆」。

物以稀為貴，都想分杯羹

　　加拉巴哥群島在1978年，被聯合國教科文組織（UNESCO）列入編號1號的世界自然遺產，特殊的地理位置讓島上的動物發展出許多特有的亞種，加上位於四個太平洋洋流交會處，冰冷和溫暖的海流帶來豐富多元的海洋生物，不只吸引鳥類聚集，豐沛的食物也吸引

動物從遠方遷徙而來，包括加拉巴哥海獅和企鵝，由於豐富精彩的生態環境，加拉巴哥群島享有「活的生物進化博物館」的名聲。

然而，跟隨人們前來的外來物種，包括家禽、家畜、昆蟲和老鼠等，以及過度的觀光發展和海洋捕撈，讓加拉巴哥群島一度被列入瀕危的世界遺產名單中，雖然經過評估和提出改善計畫後，2010年已經從危險名單裡剔除，但特有的生物族群仍持續受到威脅，牠們通常對外來物種的入侵毫無招架之力。

根據世界教科文組織的統計資料，現居在四個島上的當地居民總約三萬人，每年粗估至少十七萬人次造訪，而且持續增加；然而，1970年代，島上居民才

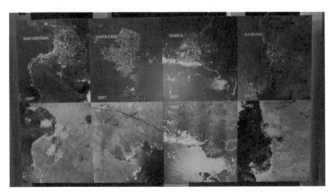

四座大島的人口分布比較，由左至右分別為聖・克里斯多巴島、聖塔・克魯斯島、伊莎貝拉島和弗羅雷安娜島。上排為 2007 年居民分布狀況，對比 1950 至 1980 年代的島嶼開發程度。

1. 礁岩上睡昏的海獅。

2. 正在哺乳期的海獅。

3. 伊莎貝拉島附近的加拉巴哥企鵝群。

4. 熔岩上的加拉巴哥企鵝，平均身高約50公分。

1	2
3	4

四千多人，1980、1990年代由於厄瓜多經濟蕭條，加上海參貿易蓬勃，移入島內討生活的人口增加至一萬五千人，而那時一年的觀光人數也已經來到五、六萬。21世紀的加拉巴哥群島再現商機，觀光人潮帶來的錢潮，讓島上的居民人數倍增，只能說加拉巴哥群島的魅力不只讓野生動物著迷，也讓人類為之傾倒。

厄瓜多政府曾進行大規模的戶口調查，主要就是

嚴防觀光客用各種理由恣意留下，同時防堵越來越多的厄瓜多居民，為了觀光商機前仆後繼從南美大陸移居到群島上，但實際遏阻作用不大。有些不合法的移民者被「請」出群島，甚至一年內不能再回到加拉巴哥，雖然居民人數稍稍得到控制，不過還是阻止不了年年攀升的情況，人類湧進所帶來的用水和廢棄物產生的處理問題，無疑對島上的自然生態造成負擔和傷害。

人類拜科技所賜，加拉巴哥群島不再只是達爾文進化論中，那個遙不可及的地方，觀光業的發達讓特地來拜訪的人們，有機會追隨達爾文的足跡一覽加拉巴哥群島；然而，隨著人潮的增加，野生動物的生存空間再度被擠壓，雖然厄瓜多政府訂出更明確的規定，但法令一條條，最重要的還是人類的公德心。

除了觀光客帶來的環境負擔，當地也曾發生匪夷所思的走私案。導遊提起，真有異想天開的觀光客，想將四隻長達1公尺的陸鬣蜥偷偷夾帶出加拉巴哥群島，結果在巴爾特拉機場的例行行李檢查中露了餡，這位德國老兄人贓俱獲，最後被移送法辦。

事實上從加拉巴哥群島非法走私野生動物的刑責很重，一旦犯罪事實確定，將面臨最高四年的牢獄刑期。根據後來的網路新聞報導，這個德國人在隔年入監

1 | 2　　1. 公海鬣蜥,長可達1.5公尺,母海鬣蜥體型相對小些。

　　　　2. 陸鬣蜥長度超過1公尺。

服刑,被判四年監禁,可見厄瓜多政府為了打擊不法野
生動物走私,不管你是哪國人、哪種原因,只要罪證確
鑿,執法完全不手軟。

　　不過,雖然偷運、走私野生動物的刑責不輕,但
在高利潤的不法所得吸引下,還是讓一些人寧願鋌而
走險。2015年又有人以身試法,一名墨西哥人試圖將
十一隻海、陸鬣蜥託人運出,結果在聖塔・克魯斯島
的阿悠拉港被逮個正著,這名墨西哥人已經被收押,牢
獄之災只是早晚的事。

　　為了加拉巴哥群島特有物種的生存,希望這些島
嶼應該只作為科學研究使用的唯一用途,以及禁止人類
再繼續前往的聲音不曾間斷,不過這類想法難免被質疑
是過度理想化,同時也只保障了某些人的特權。當地人

希望藉由觀光改善生活，如果合法就不應被汙名化，其實更多人贊成，一套有系統的觀光計畫和健全的經營管理監督，才是當前加拉巴哥群島最需要的，在生態和商業利益間找到平衡，寓教於樂或許也能喚醒更多人對生態環境的重視。

四座「有水有電有人居」的大島

1. 聖・克里斯多巴島

　　聖・克里斯多巴島位於群島最東邊，島上有幾座死火山，面積約557平方公里，是加拉巴哥群島中的第五大島。這裡最重要的過往除了達爾文在1835年曾登島拜訪，1880年代也囚禁過從厄瓜多本土送來的犯人，同時期建造的煉糖廠則在二十多年後留下暗殺謎團，1950年代，漁業公司更將這裡當作冷凍魚貨轉運站，但最後因為成本太高而結束營業。

　　島上主要兩個城鎮，港口和城鎮同名的「巴給里索莫雷諾港」（Puerto Baquerizo Moreno）是加拉巴哥省的省會，聖・克里斯多巴島大部分居民都住在這裡，到此一遊的觀光客可以藉由鎮上的遊客生態中心，好好了解這些島嶼的形成和過往。遊客中心後面有一大片生態步道園區，想在那裡耗上幾個小時絕對沒問題，幸運的話還能看到達爾文雀和脹紅喉囊求偶的軍艦鳥。

遊客生態中心。

2. 聖塔‧克魯斯島

官方統計的聖塔‧克魯斯島人口約一萬二千人，但實際的居民人數可能達二萬人之多，島嶼面積986平方公里，為加拉巴哥群島中的第二大島，這裡也是群島中人類開發最多，觀光設備最完善的島嶼。

島上的阿悠拉港（Puerto Ayora）是第一大城，擁有最多的人口，銀行、郵局、醫院、無線電臺都設立在這個鎮上，海港邊一整排餐廳、旅館、紀念品店和旅行社，加上來來往往的觀光客，剛踏上聖塔‧克魯斯島的剎那，還以為來到加勒比海某個度假小島。另外，若要往返其他三個有人居住的大島，都得從阿悠拉港出發，身處中繼站的阿悠拉港因此成為加拉巴哥群島中擁有最多客輪、客船停泊的港口。

聖塔‧克魯斯島位在群島的正中央，靠著得天獨

厚的地理條件，再加上島嶼潮濕高地可以種植農作物，也有相對豐沛的淡水資源，因此吸引許多人移居至此，一次和二次世界大戰期間美國和歐洲就曾有不少人來到這裡定居。

目前在島嶼的中部高地，農夫畜養牛隻，種植香蕉、橘子、檸檬、甘蔗、咖啡等作物。另外，為方便巴爾特拉島（Baltra）遊客上下機方便，一條由北到南貫穿整個島嶼的道路，從北部海岸直接通到最南邊的阿悠拉港。聖塔・克魯斯島也是加拉巴哥群島中，唯一一個讓觀光客舒服體驗島嶼內地和潮濕高地的大島。

島上的達爾文研究站座落在港口附近，提供加拉巴哥國家公園氣候、地理和環境教育等相關訊息，1965年成立的象龜中心（Fausto Llerena Tortoise Center）成功搶救、復育和野放數千隻的加拉巴哥象

1 | 2

1. 阿悠拉港。

2. 位於島嶼中部高地的火山口。

龜。其中最具有象徵性的平塔島（Isla Pinta）象龜「寂寞喬治」（Lonesome George）也由中心特別照顧，但可惜多年來的配種從未成功，「寂寞喬治」最後在2012年以一百多歲的高齡去世，牠的遺體被做成標本，讓世人永遠懷念。

1 | 2　　1.「寂寞喬治」象龜的雕像。

2. 加拉巴哥象龜其中一種，龜殼呈圓頂狀，身長1.5公尺，此類象龜體重達300公斤，壽命約一百五十年。

3. 伊莎貝拉島

島嶼輪廓像隻「海馬」的伊莎貝拉島，面積為4670平方公里，是加拉巴哥群島中的最大島，由六座火山連結形成，從北到南分別為厄瓜多火山、沃夫火山、達爾文火山、阿爾塞多、西耶拉內格火山和塞洛亞蘇火山。其中除了厄瓜多火山外，其餘五座都是活

火山，伊莎貝拉島的最高點就落在沃夫火山山頂海拔
1707公尺處。

目前住在島上的居民有兩千多名，生活主要依賴
農業、漁業和觀光業。觀光業的發展減少了海洋違法濫
捕的情形，特別是當地居民讓步，不再捕撈和買賣海
參，終究在「生態」與「生計」間取得平衡，海底生物
幸運地獲得喘息的機會。居民聚集的小鎮就位在島嶼南
方的菲拉米港（Puerto Villamil），進出伊莎貝拉島都得
從這裡出發。

島上居民在1990年代前大都以農漁業為生，那時
候鎮上只有三家供給觀光客住宿的旅館，隨著旅遊業的
發達，加上1996年島對島的小型機場完工，拉近了伊
莎貝拉島與觀光客的距離，現在鎮上光旅館、民宿就有
十幾家，不過比起聖‧克里斯多巴島的巴給里索莫雷
諾港和聖塔‧克魯斯島的阿悠拉港，這裡的生活步調
還是悠閒愜意許多。

02

菲拉米港。

伊莎貝拉島和其他島嶼一樣，原本都有數以萬計由人類引進的山羊，這些山羊與加拉巴哥象龜搶食，造成象龜的生態浩劫，後來這些山羊被大規模獵殺，現在的伊莎貝拉島已經看不見山羊蹤跡，各座火山間有不同族群的象龜生活著，這裡也是加拉巴哥群島當中擁有最多野生象龜的島嶼。

　　伊莎貝拉島的動植物生態非常豐富，一大片的紅樹林也是這個島嶼的特色之一，而且除了是加拉巴哥象龜的大本營，島嶼周圍的海域也已經有十六種不同種類的鯨魚被正名，附近礁石可以看到企鵝成群結隊，海鬣蜥在海岸邊做日光浴，鹹水湖裡的紅鸛專心覓食，還有稀少的紅樹林雀鳥，以及生活在沃夫火山周圍的粉紅陸鬣蜥，這些物種不但珍貴，更是地球上稀有的生物。

1. 伊莎貝拉島的紅樹林。

2. 成群的海鬣蜥正在曬太陽。

3. 鹹水湖裡的紅鸛。

4. 弗羅雷安納島

　　弗羅雷安納島是加拉巴哥群島中頗具歷史的島嶼，但或許就是因為和人類接觸頻繁，所以生態環境也是被破壞相當嚴重的地方。原本住在島上的巨大象龜已經消失，原因除了上個世紀過多山羊的競食外，更早之前捕鯨人、流放當地的犯人及過往船隻水手的捕食，讓數以萬計的象龜遭到獵殺，最後在弗羅雷安納島絕跡。

　　這個居民不到二百人的島嶼，面積173平方公里，最高處只有640公尺，比起其他三個有人居的大島，這裡地貌相對平坦，當地居民以農業為生，但島上缺乏淡水，主要的用水來源就是雨季時填滿水的天然池塘，所以當乾季時間過久時，用水常常成為當地居民最頭痛的問題。

　　對觀光客來說，進出弗羅雷安納島其實有些不便，除了客輪或遊艇偶爾靠岸停泊外，往返聖塔・克魯斯島和弗羅雷安納島的接駁快艇班次並不多，如果想參觀這裡，參加兩島間一日遊的行程會是最方便的作法。

　　加拉巴哥群島第一個「郵局」就設立在弗羅雷安納島，1793年由捕鯨人擺放的木桶，被當時的過往的船員當作郵筒，船員們把寫上自己家鄉地址的信件放在

木桶內，希望下個到達這裡的人，能將信件帶往朝思暮想的家鄉。目前這個木桶做成的郵筒，成為觀光客到弗羅雷安納島上必定參觀的景點，不少人也會模仿當時船員，從這裡寄張明信片給遠方的家人和朋友。

遊客生態中心展示弗羅雷安納島上的木桶郵箱和過往歷史。

加拉巴哥群島的夜晚——到底是鬼可怕，還是人恐怖

來到夢想中的加拉巴哥群島，住進了期望中的海邊度假民宿，看似完美的行程，但驚恐的情緒到現在仍讓我記憶猶新。民宿安靜的夜裡只聽得見海浪轟隆聲，黑漆的房間像不見天日的洞穴，黑暗中獨自一人的恐懼，此時此刻「隨遇而安」的正能量完全派不上用場，只能任憑心臟撲通撲通用力跳動。

島上節能省電我絕對遵守，不過入夜後的民宿公寓關了燈就伸手不見五指，黑壓壓一片又是個陌生環

境，還真沒辦法讓人安心入睡，所以晚上不得以便留了一盞廁所燈當照明使用。結果兩天後民宿老闆娘臭著臉警告我，不應該這樣浪費電，我試著跟她解釋，半夜一個人實在有點害怕，起來上廁所連方向都搞不清楚。她無法接受我的說法，只說她們一家人就睡在隔壁棟，有什麼好害怕，唉！彼此無法溝通，一言難盡。

老闆娘的不高興我能理解，島嶼資源少，電費可能不便宜，為了避免她再度抱怨，所以當晚我便熄了廁所燈，只點亮隨身攜帶的小頭燈，起碼在這夜深人靜又偏僻的地方，有點亮光讓自己比較放心。幸好隔壁間的房友已經認識，樓上一間房當天也住了兩個人，至少還有其他遊客相伴，第三晚終於安然度過，雖然翻來覆去到凌晨，幾個小時的睡眠也足夠了。

島上的最後一天天氣陰陰暗暗，傍晚開始下起雨來，哪也去不了，只能乖乖待在房間內，民宿裡一整個悄然無聲，這才發現只剩下我還沒退房，其餘的都已經人去樓空，心想反正明天一早還得趕回程船班，趕緊打包打包，早點休息也好。

時間一分一秒的過去，躺在床上卻遲遲無法入睡，聽著房外洶湧的浪花聲，以及雨水打在單薄木門上的沙沙作響聲，再加上窗外傳來的窸窸窣窣聲和自己的

胡思亂想，這下別想關著燈還能睡得著。起身把房內唯一的櫃子往房門方向推去，椅子也一併帶上，擋住那扇連我都踹得開的木門，此時擔心的不是鬼現身，更害怕的是有人破門而入，在這種人煙稀少的地方，真是寧願遇到鬼也不想碰上壞心腸的人。雖沒聽過當地人談起治安不良的情況，但整棟民宿公寓只剩我一個，越想越不妥，乾脆連大燈都點亮，就這樣一夜沒闔眼，等待黎明的到來。

折騰了一整晚，終於看到曙光，趕緊背上自己的行囊，往接駁車的地點走去，一大清早最怕遇上的是民宿老闆娘，到時候免不了又要被她數落一番，還好直到最後一刻她都沒現身，我搭著我的接駁車揚長而去，站在港邊等待快艇出航，迫不急待的往下一站奔去。

在聖‧克里斯多巴島遇見任性海獅

官方統計的聖‧克里斯多巴島，目前常住居民約有六、七千位，四座有人類居住的島嶼中，這裡的人口密度僅次於聖塔‧克魯斯島；不過，從機場一路步行到居民聚集的「巴給里索莫雷諾港」，人煙稀少卻是我對這個島的第一印象。

出了機場準備往海濱前進，地勤人員告訴我，市

中心很近，要是不介意走路，十多分鐘就會到達，晴朗的天空沒有任何酷熱難耐感，反正有的是時間，那就一路慢慢走過去。剛徒步沒幾分鐘，路上一位好心人停下車來要載我一程，雖然隱約感受到當地人的熱情，但信任與懷疑仍在心裡的天秤上搖擺，實在對自己的信任感沒信心，所以只能說聲謝謝，還是靠自己就好。沒有半個行人的馬路，起初真讓我以為走錯方向，但機場正前方就這麼條筆直大道，也不至於迷路，果真十五分鐘的路程，便來到佈滿礁石的海岸邊。

海岸一整排民宿和旅館都有空房，臨時找了間乾淨單人房，迅速放下手邊行李，跟櫃台老闆寒暄幾句後，已經迫不及待再次走回陽光下的海岸線。舒適的氣溫加上陣陣涼爽的海風，家門外就有無敵海景，每日還有海獅和群鳥相伴，當下真有那麼點羨慕生活在這裡的居民，更曾片刻私心認為，「開發後」的加拉巴哥群島

海獅才是沙灘上的主角。

真是人類的熱帶天堂。

租了輛腳踏車，開始我的聖・克里斯多巴島探險之旅，沒有計畫也沒有方向，盡量往海岸線的最遠處騎去，大街小巷四處遊蕩閒逛，能騎多久算多久，就喜歡這樣自由自在的好好看一個地方，或許會錯過知名景點和人人稱讚的地方，但其實更相信與自己心靈契合的景物。

寧靜祥和的小鎮，一望無際的大海，豐富的生態，沉浸在這片土地上讓人早忘記時間的流逝。也不知騎了多遠，突然發現一位小男孩緊緊跟在我後頭，他一方面好奇的打量我，一方面熱心地指引我朝他們海邊戲水的方向前去，原來他想借我的腳踏車過過癮，我也樂得坐在岸邊看著海獅和其他孩童打水仗。海獅身手矯健，孩子們也不甘示弱，雙方你來我往，真讓我大開眼界；孩童臉上盡情滿足的笑容，是大自然的功勞。

初登聖・克里斯多巴島，海岸上的海獅群已經讓我見識到，人類在加拉巴哥群島完全是配角，休想跟動物們爭地盤，如果不能和牠們「打成一片」，那「禮讓」就是和平共處的唯一方式。

美麗海岸線和白色沙灘絕對專屬於這些海獅，牠們不至於擅闖民宅，大部分時間也絕對跟人類保持距

離。遠處突如其來的嘶吼聲，像裝了喇叭擴音器，小鎮濱海街道上每處都聽得一清二楚，如果不是海獅誰也不讓誰、相爭地盤的叫囂聲，就是對那些不小心闖入安全範圍冒失鬼的警告。在這裡，海獅們總是把道路當家，把長板凳當床，只有像我這種初來乍到的觀光客才會大驚小怪！

1 | 2

1. 與海獅嬉戲的孩子們。
2. 屬於海獅的長板凳。

從聖塔・克魯斯島登船出海，無人小島初體驗

上船去

一大早便從聖・克里斯多巴島搭乘快艇前往聖塔・克魯斯島，長達兩個半小時的海上衝刺，風大浪大已經讓我暈頭轉向，預訂好的四天三夜漫遊加拉巴哥群島行程，載明從聖塔・克魯斯島的阿悠拉港出發，行程中的吃喝拉撒睡一律全都得在觀光遊艇上解決。

遊艇的導遊下船找人，終於在預定地點跟她見了面，她領我上船去，大概跟我介紹一下船裡基本設施，便讓我回房稍作休息。我一見到自己的床鋪，直接倒頭沉沉睡去，一早兩個半小時的海上劇烈搖晃，真讓人元氣大傷，也顧不得用餐時間，直到導遊再度敲門呼喚，才把我從睡夢中叫醒。

　　兩人一間的上下鋪客房，四天下來只有我一人入住，像包了間單人套房一樣，暗自竊喜自己的幸運，船上伙食雖沒有大魚大肉，不過每餐的菜色豐富且多變化，讓人食指大動，主廚特製甜點讓大家在浮潛完後補充熱量，再來一杯熱飲，船員盡力把每個乘客照顧得服服貼貼。

　　本以為小小遊艇哪經得起太平洋風浪，結果只是偶有顛簸狀況，大部分時間都相當平穩。能乘載十六名觀光客的遊艇麻雀雖小，五臟俱全，沒有豪華客輪的氣派，不過船上應有盡有，小小空間反而讓彼此的距離更加接近，多了些噓寒問暖的機會。

　　加拉巴哥海上之旅，不只是吃得飽睡得好，無人島上一探地球特有物種，親眼見證上天造物的奧妙，是種感動；偶然出現的鯊魚繞著船身嬉戲，意外的亮點讓大家驚呼，是種運氣；水面下的世界多彩多姿，魟魚突

然現身，企鵝從身旁呼嘯而過，是種體驗；甲板上看著日出和璀璨的天空，來上一杯熱茶或熱咖啡，是種享受；能在這片動物淨土上當個過客，深深體會「不打擾」就是對彼此最好的保護，保持安全距離，才能讓這些無人島上的「你我他」，各自擁有更長久的未來。

1	2
3	4
5	

1. 海上島對島觀光遊艇。
2. 熱情的船員。
3. 遊艇客房。
4. 船上餐點。
5. 日出。

聖地牙哥島冰冷海域，動物的樂園，浮潛的天堂

　　加拉巴哥海上行的重頭戲，除了無人島的生態環境之旅，浮潛則是另一個讓人期待的行程。遊艇離開阿悠拉港，一路往位於聖塔・克魯斯島西北方的聖地牙哥島前進，第二天和第三天便航遊在聖地牙哥島東方和東南方海域附近，這裡可以與加拉巴哥企鵝同游，也可以看見鯊魚近在咫尺。

　　出發前每個人得穿上潛水衣，套上蛙鞋，雖然位在赤道海域，但7月天的海水受洪堡洋流（也稱祕魯涼流）影響，水面下寒冷，海水平均溫度只有攝氏20度，陽光下的海水還算溫暖，但陰影處就格外感覺到寒意；另外，岸邊的石頭礁岩大都尖銳，靠岸浮潛時也得特別小心，有些地區最好連手套都要戴上。總之，來到浮潛天堂，沒到水下看看就不算來過加拉巴哥群島。

1 | 2　　1. 巴托羅梅島（Isla Bartolomé）海灣。

　　　　　2. 與企鵝同游。

聖地牙哥島礁岩上正在曬太陽的海鬣蜥。

　　整裝完畢後，導遊和幾位船員便領著大家往潛水海域去，冰冷的海水澆不熄大家的熱情，一群人沿著島嶼周邊探索，水下不只有眾多說不出名稱的魚群，海床上靜止不動的魟魚、躲在石縫中的大龍蝦和突然出現的鯊魚，以及身旁一游而過的企鵝和海獅，讓兩天的浮潛行程達到最高峰，而群鳥因為豐富的食物聚集在此，不管是天上飛的還是水裡游的，只出現在「動物星球頻道」的戲碼，活生生在自己眼前上演。

　　聖地牙哥島附近海域的礁石一樣很吸睛，不過不仔細看，還不容易發現一大群正在曬太陽的海鬣蜥，牠們身體顏色就像一層保護色，黑紅交雜的外表，與牠們休息的熔岩礁石融為一體，但想看到牠們在海裡遨遊的身影，可能需要更多的好運和等待。

　　外觀酷似小型「酷斯拉」的海鬣蜥看起來兇猛，

其實很溫和，而且是素食主義者，牠們游入12到15公尺深的海底，只為了覓食海藻。因為海鬣蜥是變溫動物，所以曬太陽對牠們的體力恢復非常重要。雖說溫馴，保持距離還是最好的拜訪方式，牠們只要一感受到潛在的危險，出現攻擊行為也不是不可能。這些海鬣蜥實在太特別，就像包場看演出，總是集體抬頭望向同一方，牠們的吸客程度百分百，即使走遠了，大家還是不斷回頭遠望這群島上的主人。

1	2
3	

1. 藍腳鰹鳥。

2. 鵜鶘。

3. 石頭上的藍腳鰹鳥和海鳥。

跨過佈滿熔岩的蘇利文灣

　　蘇利文灣（Sullivan Bay）位在聖地牙哥島的東邊，火山熔岩的形成只有一百多年，這裡可以讓人想像原始加拉巴哥群島的樣貌。貧瘠的土地沒有太多野生生物，偶爾可以看見昆蟲和小蜥蜴在熔岩上爬來爬去，熔岩外圍的黃土勉強還能長些綠色植物，只有熔岩仙人掌能自在生長在這片幾乎寸草不生的土地上。

　　上岸參觀熔岩前，導遊不只叮嚀大家必須穿上能保護雙腳的鞋子，因為這些火山熔岩邊邊角角特別多，一不小心就容易被刮傷，又提醒大家將自己的鞋底擦抹乾淨才能登島，避免將不必要的昆蟲、植物從其他島嶼帶上蘇利文灣。

　　走在一路凹凸不平的熔岩上，千奇百怪的形狀又以像一條條麻繩般的熔岩佔最大宗，導遊解釋著，原來熔岩的形成是因為流動性高的玄武岩，外表雖已慢慢冷卻，但內部岩漿仍不斷流動，接著又受到不同程度的擠

蘇利文灣的熔岩。

壓和捲曲，所以形成這些像麻繩狀的熔岩外觀。這樣如麻繩或辮子般的凝固熔岩漿，除了是蘇利文灣的特色，世界上最著名的麻繩熔岩景觀就在夏威夷的火山岩島。

　　一個多小時的熔岩之旅，大家興高采烈地聊起各自見識過的火山奇景，大自然奇觀不只讓人震撼，臨時惡補的一堂戶外火山地質課，讓「眼見為憑」為枯燥的文字敘述增添了更多趣味，大自然的潛移默化大概就是「行萬里路」最真實的回饋。

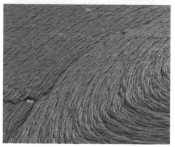

1	2
3	4

1. 2. 巴托羅梅島奇特地形及熔岩仙人掌。

3. 麻繩狀的熔岩。

4. 熔岩流道。

北西摩島的野生國度

行程最後一天來到北西摩島,這個小島面積只有 1.83 平方公里,位在巴爾特拉島北部,是個浮出海面的小小火山岩島,軍艦鳥、燕尾鷗、藍腳鰹鳥、陸鬣蜥和海獅等都把北西摩島當家,其中的陸鬣蜥雖不是當地原生種,但現在有近二千五百隻的陸鬣蜥生活在這座島上。

剛開始來到這裡的七十多隻陸鬣蜥,是 1930 年代從巴爾特拉島引進,因為當時的巴爾特拉島被規劃成美軍基地,作為二次大戰軍機臨時起降的地方,被剷平的巴爾特拉島加上人類過分開發的環境,實在不利於牠們生存,最後只好將一部分的陸鬣蜥往北西摩島運送。

北西摩島曾經受到「鼠輩橫行」的困擾,讓這裡的鳥類、爬蟲類一度面臨生存的窘境,雖然後來的滅鼠

群鳥在樹上棲息。

計畫讓老鼠銷聲匿跡，但目前這些老鼠有捲土重來的趨勢，牠們一路跟隨遊客的足跡，從巴爾特拉島和聖塔・克魯斯島遷徙而來。

島上讓大家超興奮而且相機拍個不停的主角，就是鼓著紅色喉囊的軍艦鳥及跳著求偶舞的藍腳鰹鳥。有著超大紅色氣囊的軍艦鳥在灌木叢中特別醒目，加上振翅飛舞的英姿，不被牠吸引實在很難，而藍腳鰹鳥光牠那雙藍色腳丫就很有賣點，像是故意穿了雙時髦藍色短靴的牠，抬腳一步一步踩著曼妙舞姿，就等有興趣的另一半來共舞，但不是每次都能如願以償，所以只好不斷努力的獻舞。

觀光步道來到尾聲，沙灘上出現一對對正值哺乳期的海獅和藍腳鰹鳥母子黨，海獅媽媽慵懶地躺在沙地

1 | 2　　1. 軍艦鳥。

2. 藍腳鰹鳥正在跳求偶舞。

上，任憑小海獅在牠的肚子上磨蹭。藍腳鰹鳥築巢在地面上，雛鳥則是畏縮在母親懷裡動也不動，牠們對我們這一群人毫無戒心，做著屬於牠們日常的規律活動，大家各忙各的，互不打擾。

1 | 2

1. 觀光步道。
2. 藍腳鰹鳥與雛鳥。

來到伊莎貝拉島，怎能不去爬火山

此路是「我」開，用路人要當心

結束四天三夜的無人島生態之旅後，再次回到聖塔‧克魯斯島的阿悠拉港，當下便在碼頭的售票亭買了張前往伊莎貝拉島的船票，一來除了想逃離充滿遊客的阿悠拉港，二來則是因為廣人面積的伊莎貝拉島擁有特殊的地理位置，島上肯定有更多讓人期待的野生動物；就這樣簡單的念頭，我花了三小時乘風破浪，搭著接駁快艇直奔伊莎貝拉島。

一踏上伊莎貝拉島的菲拉米港，幾個當地人便靠過來熱切詢問是否需要當天住宿，大概問了住宿地點的狀況，談妥了價錢，選擇了其中一位民宿屋主，坐上他的便車，不久即來到他靠近海邊的民宿公寓。果然如他所說，門外就是沙灘，海浪陣陣拍打的聲音，在民宿院子裡聽得一清二楚。

菲拉米港是伊莎貝拉島居民唯一聚集的小鎮，街上人群稀稀落落，看不見盡頭的白色沙灘，旅館和民宿比鄰而立，海濱酒吧是鎮上入夜後唯一喧鬧的地方，除此之外，靜悄悄的菲拉米港夜晚彷彿與世隔絕。

白天港邊停泊的小船上，躺著三三兩兩睡眼惺忪的海獅已經不是新鮮事；淺灘中站著好幾隻正在覓食的紅鶴，也是當地司空見慣的場景；海鳥成群劃過天際，

1 | 2   1. 菲拉米港街景。

2. 大路上的海鬣蜥。

在這裡更是家常便飯的畫面；周邊小島上曾經的岩漿流道變成水道，鯊魚群將這裡當作棲息地，讓到訪的遊客一飽眼福；企鵝家族在島邊的礁石區生活，豐富的海洋生物，保證牠們衣食無缺。沒有太多現代化建設的伊莎貝拉島，一切按照它原始大自然的劇本，雖然每隔幾年就有聖嬰現象來攪局，造成海水溫度上升，漁獲量減少，但生命總有辦法為自己找到出路。

　　走在菲拉米港的海岸街道上，最常見的就是一隻隻擋在道路中央的海鬣蜥，牠們神色自若地橫過大街，擺明「此路是牠開」，其他人要小心。遊客步道上緩緩爬行的巨大加拉巴哥象龜偶爾也來湊熱鬧，與牠擦身而過的瞬間，大家不自覺緩了比牠還慢的腳步，目送著這位稀客離開。突如其來的驚喜似乎都特別珍貴，這些野生動物讓人百看不厭，站在原地久久捨不得離開，是我看到大部分遊客最真誠的反應。

　　當地人在路邊立了個牌子，提醒用路人小心橫過街道的海鬣蜥和突然冒出的象龜，這些和人類比鄰而居的動物，通常付出的最大代價，除了不長眼睛的車子肇禍以及有心人士的盜獵，人類飼養的貓和狗受到驚嚇時的攻擊行為，也是造成海鬣蜥喪命的主要幾個原因之一；另外因人類而生的老鼠，則是象龜蛋揮之不去的夢魘，無人島的滅鼠計畫還能順利執行，但只要有人定居

的地方，總是無法擺脫這個龜蛋殺手，只能說好在目前的復育成效還算卓越，現在象龜的野放數目已經足以自然繁衍。

如果能選擇一個加拉巴哥島嶼Long Stay，我想我會毫不猶豫留在伊莎貝拉島，雖然菲拉米港僅僅在這個大島南方的一小隅，物資、環境條件都不算優渥，但這裡提供許多野生動物一個避風港，加上數公里長的美麗白沙灘，讓人動不動就想往水裡跳的清澈海水，以及奇特壯觀的火山地形環境，菲拉米港片刻的與世無爭和忙裡偷閒，讓我心滿意足。

1 | 2
1. 加拉巴哥象龜。
2. 鹹水湖中的海鬣蜥。

內格拉火山大健走

民宿入口的大看板上，老闆推薦了好幾個可以在伊莎貝拉島從事的「上山下海」行程，除了浮潛和參觀沿岸島礁外，最吸引我的行程便是內格拉火山健行。再

三跟老闆確認爬這座火山的體力要求和衣著裝備，他拍胸脯跟我保證，我一定沒有問題，即使穿著一雙唯一帶來加拉巴哥群島的運動涼鞋，他也說這樣就夠了，於是幾天後便跟著大家一起往內格拉火山來趟健行之旅。

內格拉火山（Sierra Negra）在西班牙文的意思是「黑火山」，最近一次噴發在2005年，位在伊莎貝拉島的東南側，登山口處的告示牌上標示，來回內格拉火山口需要五小時，全程16公里，但天候不佳時可能需要更長的時間。健行路段會跨過奇哥火山（西文原意為「小火山」），它是內格拉火山的小火山錐或寄生火山，這座火山上次噴發時間為1979年。

內格拉火山相當年輕，形成時間距離現在只有五十三萬年，是加拉巴哥群島中擁有最大火山口的一座火山，直徑約10公里長。

來到內格拉火山的登山步道入口，看著霧濛濛的天氣，已經有預感可能無緣見到清晰的內格拉火山口，不過即便如此，這個活火山近期才噴發，能走在當時火紅滾滾的岩漿上，想像它那時的噴發威力，應該也是一種很特別的體驗。

剛開始的步道兩旁綠意盎然，雖然某些地方泥濘，但還算暢行無阻，沒有斜度很大的陡坡，大部分是

沿途荒蕪的熔岩區。

平路，只是起霧的山區看不見遠方盡頭。導遊走在最前方，偏離步道的地方只能一路尾隨他，因為看不見前方的泥土路可能一腳踩空就是火山口邊緣。煙雨濛濛讓行經的黑色熔岩區更加陰森，只是大多寸草不生，而一枝枝比人還高的仙人掌獨自聳立在這片貧瘠的土地上，更襯托出火山爆發後大地的淒涼。

走了三個小時候，終於來到1100公尺高的火山頂，瞬間撥雲見日，讓大家興奮不已，火山口邊已經坐了一群跟我們一樣慕名而來的遊客，據說如果能見度更好，甚至可以遠眺一海之隔的費爾南迪納島（Isla Fernandina）。

挑了個位子俯瞰這片壯觀的天地、廣而淺的火山口，猛然一看，遼闊的黑色熔岩口還真有那麼點像一池巨大的黑水塘，曾經還有因為嚴重脫水而產生幻覺的登山客，誤將熔岩池看成湖泊而縱身一跳的慘劇，導遊沒

繼續說這些人最後怎麼了，倒是這個瘋狂的故事結局讓我再也忘不了內格拉火山。

回程路上毛毛細雨和磅礡人雨輪番上陣，泥濘土地早已出現處處水窪，好幾個路段寸步難行，大家勉強慢步走過泥沼，雙腳上的泥巴是征服的印記，然而我那雙派不上用場的運動涼鞋，不只讓我邊走邊跌好幾回，摔到連屁股、包包都沾滿泥，更讓我困在爛泥灘裡動彈不得，當下只能在心中哀怨：「救命啊！」實在連站都站不穩，導遊回過頭來越看越不對，最後只好割愛自己手裡的那支登山杖，終於讓我順利走回步道入口處。

滿身溼答答加上全身上下一身泥，回到民宿時跟老闆小小的抱怨了一下，不過涼鞋本來就不適合爬火山，這是自己知道的，只能說抱著僥倖心態，又遇上不專業和滿腦想賺錢的老闆，還好沒發生什麼意外，未來再也不敢這樣貿然上火山了！

1 | 2

1. 燭台仙人掌一年長1公分，
   這株至少三百年以上。
2. 內格拉火山口。

加拉巴哥遊艇或客輪之旅

來到加拉巴哥群島自助旅行，即使不參加遊艇或客輪出海，只報名當日遊行程，加上島上的基本吃住費用，一個人平均每天開銷至少50到60美元，參加跳島行程則費用更高；至於遊艇或客輪之旅，從四天至十四天都有，價格隨著遊艇客輪等級高低差異很大，淡旺季及出發日期收費也有差別。同樣的四天三夜行程，白天浮潛及前往不同島嶼參觀，晚上夜宿船上，含三餐和導遊費用，價格從750美元至1500美元都有。

現在的遊艇或客輪環島之旅被分成三大區，東邊和南邊島嶼包括聖・克里斯多巴島、西班牙島和弗羅雷安納島，中央和北邊島嶼包括聖塔・克魯斯島、聖地牙哥島和喬諾維沙島，以及西邊的伊莎貝拉島和費爾南迪納島，每座島嶼都有自己的特色和值得參觀的景點，想在海上走完一圈需要兩個星期的時間。

遊艇或客輪的環島之旅費用，通常不包含酒精飲品和浮潛裝備，習慣上也會額外支付生態導遊和全組服務船員小費。導遊和船員小費通常被分成兩個不同的信封袋，有些人建議一個遊客一星期的小費，給全組船員費用應介於25至50美元，導遊則至少是給全組船員總小費的一半，約15至25美元，也有人認為一天支付10美元的小費很合理，如果很滿意他們的服務，更千萬別吝嗇口頭上的讚美。

1 | 2

1. 一坨白飯配上薯條再加份海鮮，是加拉巴哥群島最當地的吃法。

2. 海鮮拼盤雖然美味，但一份要價40美元，想嘗鮮又想省錢，找個同伴來分享會比較划算。

02

加拉巴哥群島行前須知

1. 全年皆可參觀：

加拉巴哥群島全年都值得參觀，12月到隔年5月溫暖且多雨，6到11月為乾季，氣候舒適，全年溫度介於18至31度。從厄瓜多本土出發，需先繳交100美元的加拉巴哥國家公園門票，這個門票費用主要作為維護和管理加拉巴哥國家公園使用。此外，還需支付一個20美元的旅客管制卡（INGALA Tourist Control Card）費用，這個管制卡主要是為了控管參觀和短暫居留在加拉巴哥群島的人數。

2. 觀光需靠快艇接駁：

加拉巴哥群島的大島間往來都靠快艇接駁，通常是早上一班，下午一班，大島間航行一趟平均需要二至三小時，海上通常都相當顛簸，船票可向旅館、民宿老闆詢問。如果是聖塔・克魯斯島，港口處就有小亭子可自行購票，通常購買當天船

票沒有太大問題。伊莎貝拉島上設有機場，只限於群島內往來，想節省時間和避免海上風浪搖晃，建議可搭乘飛機。

3. 嚴格的海關檢查制度：

不管從厄瓜多的基多（Quito）或者是瓜亞基爾前往加拉巴哥群島，登機前的海關檢查非常嚴格，等同國際機場的要求，絕對不允許攜帶動植物和水果。

4. 不可隨便餵食、接近野生動物：

加拉巴哥群島上不可以隨便餵食和接近野生動物，也禁止任何會傷害牠們的海上運動和釣魚活動，參觀無人島時必須有一位領有執照的導遊帶領才能進入，而且只能在指定的路線上參觀。

5. 禁止抽菸、點燃營火：

如果想在加拉巴哥群島露營，營區需要提前申請，抽菸和營火在島上都嚴格禁止。往來四座大島間，在每個港口登船處都得一次次重複檢查隨身行李，加拉巴哥國家公園訂下層層規定和限制，無不希望能在人類蜂擁而至的衝擊下，仍能為這些嬌貴的野生動物保留一塊淨土。

伊莎貝拉島內格拉火山健行前的準備

1. 記得防曬、補充水分

內格拉火山經常下雨和起霧，因為登山步道沿途沒有遮蔽物，如果遇上大晴天，防曬和水分補充就非常重要。

2. 務必跟隨專業導遊入山

從菲拉米港到內格拉火山的登山步道約四十至四十五分鐘的車程，向旅行社報名後由專門接駁車接送。這個行程需要當地專業導遊帶領才能進山。由於山區氣候多變，晴時多雲偶陣雨，除了一雙登山鞋外，建議攜帶雨衣、帽子、薄外套，這裡的平均溫度20多度，氣候還算溫和，平日沒有運動習慣的人，可能會覺得這個健行行程有些吃力。身上可以多帶些水和充飢用零食，行程提供的午餐非常簡單。另外，只有步道入口處有洗手間，健走前應多加利用。

02

縱觀天下

出發去南美
玻利維亞、智利和厄瓜多的冒險旅程

作　　　者：柯姿慧
發　行　人：王春申
編 輯 顧 問：林明昌
營業部兼任
編輯部經理：高　珊
主　　　編：王窈姿
責 任 編 輯：黃楷君
封 面 設 計：吳郁婷
校　　　對：莊凱婷

出版發行：臺灣商務印書館股份有限公司
23150 新北市新店區復興路43 號8 樓
電話：(02)8667-3712　傳真：(02)8667-3709
讀者服務專線：0800056196
郵撥：0000165-1
E-mail：ecptw@cptw.com.tw
網路書店網址：www.cptw.com.tw
網路書店臉書：facebook.com.tw/ecptwdoing
臉書：facebook.com.tw/ecptw
部落格：blog.yam.com/ecptw

局版北市業字第 993 號
初版一刷：2016 年 5 月
定價：新台幣 360 元

出發去南美：玻利維亞、智利和厄瓜多的冒險旅程 ／
柯姿慧 著. --初版. --臺北市：臺灣商務, 2016. 05
面 ； 公分. --（縱觀天下）

ISBN 978-957-05-3043-8（平裝）

1. 旅遊 2. 南美洲

756.9　　　　　　　　　　　105005485